Sempre há Vida

Sempre há Vida

PSICOGRAFIA DE *Eliane Macarini*

PELO ESPÍRITO *Maurício*

LÚMEN EDITORIAL

Sempre há vida
pelo espírito Maurício
psicografia de Eliane Macarini

Copyright © 2015 by
Lúmen Editorial Ltda.

1ª edição – julho de 2015

Direção editorial: *Celso Maiellari*
Direção comercial: *Ricardo Carrijo*
Coordenação editorial: *Casa de Ideias*
Projeto gráfico e arte da capa: *Casa de Ideias*
Impressão e acabamento: *Orgrafic*

Dados Internacionais de Catalogação na Publicação (CIP)
(Câmara Brasileira do Livro, SP, Brasil)

Maurício (Espírito).
 Sempre há vida / pelo espírito Maurício ; psicografia de Eliane Macarini. – São Paulo : Lúmen Editorial, 2015.

 ISBN 978-85-7813-164-7

 1. Espiritismo 2. Psicografia 3. Romance espírita I. Macarini, Eliane. II. Título

15-04871   CDD-133.9

Índices para catálogo sistemático:
1. Romance espírita : Espiritismo   133.9

LÚMEN
EDITORIAL

Rua Javari, 668
São Paulo – SP
CEP 03112-100
Tel./Fax (0xx11) 3207-1353

visite nosso site: www.lumeneditorial.com.br
fale com a Lúmen: atendimento@lumeneditorial.com.br
departamento de vendas: comercial@lumeneditorial.com.br
contato editorial: editorial@lumeneditorial.com.br
siga-nos nas redes sociais:
twitter: @lumeneditorial
facebook.com/lumeneditorial

2015

Proibida a reprodução total ou parcial desta obra
sem prévia autorização da editora
Impresso no Brasil – *Printed in Brazil*

Sumário

1 Hugo 7

2 A internação de Otávio 12

3 O apoio de Caio 19

4 A instabilidade de Ótavio 26

5 A fragilidade de Vera 33

6 Más notícias 41

7 A visita à Casa Espírita 52

8 Um pouco de conforto 61

9 Notícias de Otávio 73

10 O transplante 84

11 A saúde de Vera 93

12 Um recomeço para Vera 101

13 Informações sobre Otávio 114

14 Otávio tenta se recuperar 125

15 O desencarne.............................135

16 O velório 146

17 O apoio dos amigos......................155

18 A resistência de Vera 163

19 Uma ajuda do mal 170

20 Vera cai em si 182

21 A vida volta aos eixos..................194

22 A felicidade reina.......................201

1
Hugo

Ester e Hugo se conheceram quando ela tinha cinco, e ele, seis anos de idade. A família de Ester, moradora de uma belíssima e tranquila cidade do interior paulista, recebeu de braços abertos a família que mudava para a casa ao lado da sua.

Logo de início, as crianças mostraram grande afinidade, gostavam de estar juntas. Não eram raras as vezes em que, assistindo a desenhos na televisão, acabavam adormecendo de mãos dadas. Frequentavam a mesma escola, o mesmo clube, desfrutavam a companhia dos mesmos amigos. Sempre juntas, partilhavam brinquedos e brincadeiras, estudos e atividades físicas.

Cristina e Basílio eram os pais de Ester, um casal harmônico e de mente aberta, que aceitava as belezas da vida, aprendia com a diversidade e procurava sempre apoiar as pessoas que porventura cruzassem seu caminho.

Vera e Otávio eram os pais de Hugo. Vera era uma criatura doce, de fácil convívio, ao passo que Otávio estava sempre mal-humorado – era um homem preconceituoso e déspota com a família e com aqueles que partilhavam momentos de sua vida.

Desde pequeno, Hugo era diferente das outras crianças, um menino meigo, de jeito delicado, choro fácil e emoções intensas. Gostava mais da companhia das meninas, com quem dividia brincadeiras de meninas. Vera observava o filho e estremecia ante a ideia de Otávio perceber essa característica no menino. Otávio conduzia a educação do filho de forma bastante rígida, direcionando suas ações para o desenvolvimento de sua masculinidade e, não raras vezes, frustrava-se com a incapacidade de Hugo atender aos seus desmandos. Nessas ocasiões, ameaçava e culpava Vera, dizendo que ela mimava demais o filho e que ele acabaria por se tornar afeminado.

Quando Hugo contava dez anos, Otávio resolveu matriculá-lo em uma academia em que ensinavam futebol. O menino resmungou e reclamou, mas não foi ouvido pelo pai. Chegando à academia, o rapaz que treinava a meninada, de nome Caio, observou Hugo e percebeu que o menino estava ali contrariado. Compreensivo, tentou conversar com o pai:

— Senhor Otávio, seu filho quer fazer esse esporte?

— Ele não tem querer, aqui mando eu. Ele faz o que eu decido. E não admito interferência de ninguém, que isso fique bem claro.

— Tudo bem, temos por regra fazer um teste com os meninos que chegam. Hugo ficará conosco por um mês, sem necessidade de mensalidade. Se ele demonstrar aptidão para o esporte, o senhor faz a matrícula.

— A secretária não me falou isso, disse que deveria trazer o menino e fazer a matrícula. Aqui está o papel.

— A ficha o senhor deve preencher, mas a mensalidade só a partir do segundo mês. Está bem? Aqui eu sou a autoridade. Venha comigo, Hugo, vamos conversar um pouco antes da aula. Se o senhor quiser sair e voltar daqui uma hora e meia, está tudo certo.

— Não, eu vou observar o treino.

— Não permitimos isso, pois pode intimidar os alunos e eles acabam por não mostrar o que sabem fazer. Essa é uma regra da academia. Uma vez por mês, nós fazemos uma apresentação para os pais. Se o senhor quiser esperar no prédio, há uma sala própria para isso, um local onde vários pais e mães esperam por seus filhos. Seria interessante o senhor trocar ideias com eles.

Otávio olhou para Caio de má vontade, e falou com voz gutural·

— Não estou gostando nada disso, estou pagando e as coisas têm que ser do jeito que quero.

Caio ignorou o comentário ácido e convidou Hugo a acompanhá-lo.

Apesar dos esforços do treinador, Hugo não conseguia se adaptar ao esporte. Ao fim dos trinta dias propostos, Caio chegou à conclusão de que o garoto se sentia um estranho no grupo. Ele decidiu falar primeiro com Vera, temendo a reação de Otávio, visto que este andava rondando o campo e observando o filho, mesmo contrariando as regras da academia.

— Dona Vera, meu nome é Caio, sou treinador do curso de futebol que seu filho frequenta.

— Bom dia, treinador. O senhor quer falar com meu marido? Ele está no trabalho, mas o senhor poderá encontrá-lo no telefone celular ou aqui, na hora do almoço.

— Eu gostaria de falar com a senhora, se não for incomodar.

— Não, pode falar. Aconteceu alguma coisa com Hugo?

— Não, seu filho é um excelente garoto, bastante educado e esforçado, mas ele não tem aptidão alguma para o esporte que seu marido escolheu. Eu não sei mais o que fazer, já conversei com o senhor Otávio, mas ele não me dá atenção. Hugo sofre com isso, e os outros garotos acabam se incomodando com a presença dele, pois acaba atrapalhando o desempenho do time em que ele entra. Eu tento conversar e explicar, mas são garotos, e pressinto o momento em que ele acabará por sofrer *bullying*, e eu não quero isso.

— O que eu posso fazer? Ele também não me ouve. Antes de levar Hugo para a aula de futebol, eu já havia dito isso a ele, mas ele é teimoso e acredita que vai modificar os modos do filho colocando-o para praticar esportes como o futebol.

— A senhora tem como conversar com ele?

— Desculpe, treinador, mas eu preciso esperar que o senhor fale com ele primeiro. Se eu eu disser que ligou aqui e falou comigo, é bem capaz de ele fazer uma queixa contra o senhor, inclusive exigindo sua demissão.

— Não se preocupe com isso, sou sócio-proprietário da academia, meus companheiros conhecem meu trabalho e têm observado o comportamento do senhor Otávio. Confesso estar bastante preocupado com a reação dele para com Hugo.

— Eu também, e se eu contar que o senhor ligou e fiquei ouvindo, ele pode ser violento comigo.

— Desculpe-me por perguntar, dona Vera, mas ele bate em vocês?

Vera calou-se por uns instantes e, com a voz trêmula, falou:

— Foi apenas algumas vezes, e ele havia bebido muito.

— Bem, diante disso, não se preocupe, vou conversar com meus sócios e ver o que podemos fazer, está bem?

— Eu agradeço muito, e desculpe, eu sinto vergonha de viver essa situação, mas para nós está cada vez mais difícil.

— Se precisar de qualquer coisa, de socorro, grave na memória meu número de celular, está bem?

— Eu agradeço mais uma vez.

Caio falou o número do telefone e Vera ficou repetindo mentalmente, com receio de esquecer.

2
A internação de Otávio

Otávio foi chamado para uma reunião na academia. Junto com Caio estavam Débora e Orlando, seus sócios e também instrutores.

— Boa noite, senhor Otávio.

— O que está acontecendo? O garoto aprontou alguma?

— Não temos reclamação alguma de Hugo, apenas precisamos discutir o futuro do menino quanto às suas preferências esportivas. Após os trinta dias de avaliação, nossa equipe chegou à conclusão de que ele não tem afinidade nenhuma com o futebol – falou Caio, devagar e com paciência.

— O quê? Vocês são incompetentes, isso, sim. Não sabem ensinar e querem jogar a culpa no garoto. Ele puxou a mim, que fui artilheiro até no time da faculdade, e só não fui adiante porque estourei meu joelho – falou Otávio com a voz alterada, gesticulando muito.

Sempre há vida • **13**

— Peço ao senhor que se acalme, nós estamos aqui para ajudar, e não para ser ofendidos – emendou Débora, olhando para ele de frente, com bastante firmeza.

Otávio levantou-se da cadeira e, apontando o dedo para a moça, disse com desrespeito:

— O que você faz aqui, num ambiente de homens? Abaixe a voz, ou melhor, não fale comigo, esse é um assunto de homens!

— Acredito que o senhor não sabe o que fala, pois demonstra total ignorância em suas palavras. Eu sou proprietária desta academia junto com meu marido, sou uma das instrutoras, como também participei de vários campeonatos, então, tenho, sim, competência e conhecimento para exercer essa função. Seu filho Hugo não tem afinidade alguma com esse esporte, mas temos uma alternativa, para a qual já foi testado, e ele se saiu muito bem – continuou a moça.

— Do que vocês estão falando? – perguntou Otávio, demonstrando certo nervosismo.

— Do vôlei. Hugo se saiu muito bem com uma equipe de vôlei que treinamos há certo tempo. Aconselhamos a permitir que ele seja transferido para esse esporte – disse Orlando, marido de Débora.

— Você é marido dessa daí? – perguntou Otávio, mostrando falta de respeito pela moça.

— Sou, sim, sou marido de Débora, por quê?

— Precisa domar essa fera aí, senão o povo vai pensar que ela é o homem da casa – respondeu o outro com cinismo e rindo com deboche.

— Minha esposa é uma mulher inteligente e culta, bastante eficiente como profissional, e tem liberdade e estrutura emocional e moral para responder por suas opiniões e atos. O que me faz bastante feliz. Não acredito que possa compreender a harmonia em que vivemos, pois é fundada no respeito e no amor que sentimos um pelo outro, então, dou por encerrada essa questão, que, aliás, não é da sua conta – retrucou Orlando com firmeza, segurando a mão de sua esposa e, depois, beijando-a com carinho.

Otávio ficou meio desconcertado e, inseguro, questionou:

— Posso ver essa tal equipe de vôlei? Quem é o treinador?

— Sou eu. Amanhã, às dezenove horas, teremos um treino. Caso resolva permitir que Hugo participe, poderá observar nosso trabalho por quinze minutos. Depois deverá esperar na sala que já conhece – respondeu Débora, fitando os olhos de seu interlocutor.

Saindo da academia, Otávio, enraivecido pela maneira como a conversa havia sido conduzida, resolveu parar em um bar e tomar uma bebida, seguindo suas intenções descontroladas e mal conduzidas, para relaxar.

Após três horas sentado em uma mesa e ingerindo alcoólicos, sem comer nada, ele mal conseguia manter-se em pé. O dono do boteco, preocupado, vendo-o pegar a chave do carro, interveio:

— Senhor, não seria melhor chamar alguém para buscá-lo?

Otávio, enfurecido com o homem, avançou sobre ele com a intenção de agredi-lo fisicamente, porém, seu estado bastante alterado o desequilibrou, e ele caiu e não conseguiu mais levantar. O excesso alcoólico conduziu-o a um estado comatoso. Um veículo de resgate foi chamado, e o homem foi levado ao hospital mais próximo.

Já era uma da manhã, e Vera, preocupada, tentava ligar para o celular do marido, mas sempre caía na caixa postal. Ela andava de um lado para o outro quando o telefone tocou, e uma enfermeira falou com ela, colocando-a a par do estado de saúde de Otávio.

Hugo dormia sossegado em seu quarto. Vera resolveu pedir ajuda a um casal da vizinhança. O rapaz, solícito, prontificou-se a levá-la ao hospital, visto que ela não sabia dirigir, enquanto a moça ficaria em sua casa, cuidando de Hugo.

Ao chegar ao hospital, Otávio, ainda desacordado, inspirava preocupações da equipe médica que o atendia, haja vista a alta taxa alcoólica encontrada em seus exames.

— Obrigada por sua ajuda. Se quiser voltar para casa, não se acanhe, eu ficarei bem. Só peço que cuidem de Hugo – disse Vera ao vizinho.

— Não se preocupe, ficarei aqui com você, minha esposa está bem e cuidando de Hugo. Não vou deixá-la sozinha – respondeu o amável rapaz.

As horas foram passando e, ao amanhecer, Otávio voltou do estado de inconsciência. Olhando para a esposa, falou com a voz ainda pastosa e lenta:

— Onde estou?

— Você está no hospital, foi trazido ontem à noite.

— O que aconteceu? Eu sofri um acidente?

— Não, pelo que me contaram, você estava num bar, bebeu demais e entrou em estado de coma alcoólico. O dono do bar chamou o resgate e você foi trazido para cá – respondeu Vera com certa irritação na voz.

— Isso é mentira, eu não estou bêbado – gritou Otávio, tentando se levantar da cama.

Uma enfermeira que passava pelo leito segurou-o e, com firmeza, fez que ele deitasse.

— Fique quieto! O senhor está com soro no braço e bastante debilitado. Por favor, acalme-se!

— Onde está o garoto? – Otávio perguntou a Vera.

— Está em casa. A Mônica, nossa vizinha, está com ele, e o marido dela, Alfredo, me trouxe ao hospital e está lá fora.

— Você chamou estranhos para me humilhar?

— E como você queria que eu agisse? Nós não temos amigos nem parentes que poderiam nos socorrer, todos moram longe de nossa cidade.

— Basílio! Por que não chamou Basílio?

— Cristina, Ester e Basílio estão viajando, você esqueceu?

Olhando para Vera com ódio, Otávio disse entre dentes:

— Você me paga por essa humilhação.

Vera saiu do quarto com os olhos marejados de lágrimas e, trêmula, apoiou-se em uma cadeira. Alfredo aproximou-se solícito, ajudando-a a se sentar:

— O que houve? Está tudo bem?

— Um dia vai ficar, um dia – respondeu ela, erguendo os olhos aflitos.

Alfredo percebeu o rosto sofrido da vizinha e pensou, compadecido: "O que deve aguentar essa mulher... Ela não tem mais do que trinta anos, mas seu olhar é triste e sem esperança. Coitada!".

Vera voltou para casa, aprontou Hugo, levou-o à escola e disse que seu pai havia passado mal na noite anterior e estava hospitalizado. Então, voltou ao hospital e, assim que adentrou o corredor da emergência, foi avisada de que Otávio havia sido transferido para um quarto e que ela deveria falar com o médico de plantão.

— Boa tarde! Meu nome é Vera, meu marido está internado aqui e parece que o senhor quer falar comigo.

— Boa tarde. Meu nome é Cristóvão. Resolvemos internar seu marido, pois um dos exames deu alterado. A glicemia está bastante alta, já repetimos, inclusive o de hemoglobina glicosada, o que sugere que isso está acontecendo há certo tempo. A pressão arterial dele também está alterada, e amanhã pela manhã procederemos a um cateterismo, pois encontramos alguns ruídos característicos de doença coronária no exame clínico.

— É grave, doutor?

— Ainda não podemos dizer. Quando tivermos um diagnóstico fechado, nós a informaremos.

— Obrigada, doutor!

Vera entrou no quarto ocupado pelo marido, e logo foi recebida com grosseria e ameaças:

— Demorou, sua vadia! Onde andava, estava muito alegre na companhia do vizinho?

— Otávio, pare com isso! Você está doente e precisa se acalmar, caso contrário, seu estado de saúde pode piorar.

— Você que ia gostar disso. Ficar livre por aí para fazer malandragens, não é? Não pensa que eu esqueci a boa que me aprontou. Quando eu voltar para casa, vamos acertar as contas do meu jeito.

— Você bebeu até cair, entrou em coma, fui avisada de madrugada. Está dando trabalho e preocupação por causa disso, e ainda me ameaça? Você não tem vergonha na cara, Otávio?

— Deixa, deixa! Eu vou sair daqui e aí, sim, você vai levar a surra que merece.

3
O APOIO DE CAIO

Vera saiu do hospital e, angustiada, entrou na capela anexa à instituição de saúde. Sentou-se no banco logo na entrada e, de cabeça baixa, orou com muita fé, pedindo a Deus que a fortalecesse e a auxiliasse a não ter sentimentos ruins em relação ao marido. Ficou por ali apenas sentada e triste, muito triste.

Ela olhou para o relógio e viu que estava na hora de buscar Hugo na escola. Pegou o ônibus e logo chegou a seu destino.

— Mãe! Você lembrou de trazer meu uniforme do vôlei? Hoje é o dia do primeiro treino.

— Nossa! Desculpe, meu filho, mas com essa história do seu pai, eu esqueci. Podemos deixar para outro dia? Eu estou muito cansada.

— Ah! Eu estava esperando tanto por esse dia, mas se você está muito cansada, deixa.

— Não, eu vou te levar, assim conheço seus amigos e os instrutores. Dá tempo, nossa casa é perto da escola.

— Não são instrutores, mãe. São treinadores.

Vera sorriu percebendo a animação do filho, abraçou-o carinhosamente, e falou:

— Então, vamos, agora precisamos nos apressar, senão, não dá tempo.

— Pena que a Ester está viajando. Ela falou que se eu fosse fazer vôlei mesmo, ela também queria, e a tia Cristina dirige, então nós podemos ir com ela quando eles voltarem de viagem.

— Hugo, a mamãe está fazendo isso hoje, mas não se esqueça de que é seu pai quem o leva aos treinos.

— Mas... bem que podia ser você, é mais divertido.

Vera sorriu por causa da espontaneidade do filho e pensou: "Seria tudo mais fácil se Otávio fosse mais compreensivo". Então, abanou a cabeça em sinal de desânimo e uma lágrima insistiu em escorrer por seu rosto.

Finalmente chegaram à academia. Caio viu-os entrando e foi ao encontro dos dois.

— Boa noite, sou Caio! Seu marido autorizou a mudança de esporte?

— Boa noite, eu sou Vera, a mãe de Hugo. Autorizou, sim, mas ele não está bem, está hospitalizado, então eu vim no lugar dele.

— Fez muito bem! Venham comigo, a Débora está na quadra reunindo a turma. A senhora pode assistir ao treinamento por quinze minutos e, depois, precisa voltar e ficar esperando na salinha reservada aos pais, ou mesmo na cantina.

— Obrigada, depois vou à cantina, lembrei que não comi nada o dia todo.

— A senhora está bem?

— Um pouco cansada, estou sem dormir, fui para o hospital era uma hora da manhã, quando me ligaram.

— Desculpe, mas o que aconteceu com o senhor Otávio?

Vera abaixou a cabeça constrangida, e Caio, percebendo os sentimentos da moça, disse com sinceridade:

— Desculpe, não precisa responder, apenas volto a afirmar: se precisar, estarei à sua disposição.

— Obrigada.

Vera assistiu aos quinze minutos do treino e se dirigiu à cantina, pediu um refrigerante e um sanduíche, e aguardou sentada a uma mesa de canto. Caio entrou no ambiente e a cumprimentou com um sinal de cabeça. Vera pediu que ele se aproximasse.

— Desculpe por não responder à sua pergunta, mas não quero que Hugo saiba a razão de Otávio ter ido parar no hospital.

— Não se preocupe, apenas perguntei como forma de solidariedade.

— Eu sei, mas preciso conversar com alguém sobre o assunto, e sinto que posso confiar em você. Otávio bebeu demais ontem à noite, acabou desacordado dentro de um boteco e foi parar no hospital em coma alcoólico. Depois de vários exames, os médicos descobriram que está diabético, com a pressão alta, e precisa de um diagnóstico cardíaco. Amanhã cedo ele fará um cateterismo. Quando me ligaram do hospital, precisei pedir ajuda a um casal jovem, nossos vizinhos, e o Alfredo me acompanhou ao hospital e Débora ficou com Hugo, que já estava dormindo. Meu marido está furioso com isso, dizendo que eu o humilhei quando pedi ajuda a eles, pois assim acabaram sabendo do motivo que o levou a ser internado. Sinto que ele está com ódio de mim, e fica me ameaçando sem parar. Confesso estar com medo do momento em que ele sair do hospital. Desculpe estar contando tudo isso a você, mas precisava falar com alguém.

— Não se preocupe. Sei que é um momento bastante difícil, mas a senhora precisa acalmar seu coração e sua mente, pois as coisas acabam por se ajeitar de uma forma ou de outra. E ficando esses dias internado, com problemas sérios a serem resolvidos, seu marido acabará se acalmando e esquecendo essa história. Ore bastante, peça ajuda a Deus.

— Tomara que você tenha razão, que seja apenas medo meu.

— Você se lembra de meu telefone?

— Lembro, sim.

— Qualquer coisa que precisar, ou mesmo insegurança em relação ao comportamento de seu marido, me ligue que irei socorrê-los, está bem?

— Obrigada, você ajudou bastante, estou bem mais calma.

— Veja! Hugo terminou o treino e a senhora não comeu seu lanche. Agora, coma, e depois vá para casa descansar.

— Nós vamos embora a pé, mãe?

— Vamos, sim, meu filho!

— A senhora não está de carro? – perguntou Caio.

— Eu não sei dirigir. Otávio nunca permitiu que eu tirasse carteira de habilitação. Casei muito cedo, aos dezessete anos.

— Vocês moram no meu caminho, eu os deixo lá. A essa hora é perigoso ficar andando na rua sozinhos.

— Não queremos incomodar.

— Não é incômodo algum, realmente é meu caminho.

Caio deixou-os em frente de casa e tomou o rumo de seu apartamento. No caminho, pensava aflito: "Meu Deus, proteja esses dois, mãe e filho. São criaturas amorosas e tão frágeis, e estão nas mãos de um ser violento e vingativo. Vera é uma mulher muito bonita, mas como seus olhos são tristes, e a expressão de seu rosto demonstra amargura. Sinto que teme o amanhã e vive sem esperança. Hugo é um menino doce e ingênuo, tão amável, e com suas características físicas e emocionais, terá duras provas a superar. Deus os proteja!".

Na manhã seguinte, Vera seguiu a mesma rotina do dia anterior. Ao adentrar o quarto do hospital, percebeu que Otávio estava pálido e cansado. Amorosa, aproximou-se:

— Como você está, Otávio?

— Do jeito que o diabo gosta, com mais e mais raiva pela vergonha que você me fez passar, mas não tarda o dia em que vou sair dessa prisão, e aí sim vou te pegar de jeito.

— Por que você está fazendo isso? Você precisa se acalmar, senão vai piorar.

— Sai daqui, sua vadiazinha! Vai lá pedir ajuda pro vizinho! Sai daqui! – o homem gritava como louco, tentando avançar sobre a esposa.

Duas enfermeiras adentraram o aposento, alertadas pelos gritos de Otávio, e tentaram imobilizá-lo e acalmá-lo, mas ele se tornou mais e mais violento. Um médico entrou no quarto e imediatamente aplicou uma injeção calmante no paciente, que foi relaxando e adormeceu; um sono agitado, povoado por pesadelos terríveis. O médico pediu a Vera que o acompanhasse.

— A senhora poderia nos explicar o que está acontecendo?

Vera resumiu os últimos acontecimentos, desde o dia em que o marido entrou em coma alcoólico, e o médico, pensativo, informou:

— Vou pedir uma avaliação psiquiátrica. Ele sempre foi assim, agressivo?

— Ele é de difícil trato, e somente alcoolizado ele bate em mim e tenta agredir nosso filho. Palavras ofensivas são comuns. Eu, às vezes, não sei como lidar com ele, nunca sei como ele vai se portar ou reagir a situações comuns do dia a dia.

— Amanhã mesmo o psiquiatra virá avaliá-lo. Quanto ao procedimento de hoje, o cateterismo, precisaremos adiar para a parte da tarde, pois no estado em que ele está não vai ser possível fazer, está bem?

— Obrigada, doutor.

Vera voltou ao quarto e ficou ali, sozinha, sentada, olhando para o marido adormecido, e as lágrimas teimavam em molhar o rosto sofrido.

No fim da tarde, Vera saiu do hospital, e Otávio ainda estava adormecido, sob o efeito do calmante. Desanimada, tomou o ônibus. Ao olhar para as ruas passando por sua janela e as pessoas transitando apressadas, a moça pensou: "Quantas pessoas andando por aí, e cada uma delas tem a sua história. Como será que reagem aos momentos dolorosos? Será que sentem algo semelhante ao que estou sentindo esses dias, como se o mundo estivesse parado no mesmo lugar, sem movimento, sem transformações, apenas esperando o tempo passar e acontecer a morte, que vem nos libertar dessas correntes pesadas? Vera balançou devagar a cabeça, como se quisesse se livrar dos pensamentos tristes e depressivos. Sorriu com a lembrança do filho, a alegria de ter essa criatura fantástica em sua vida. Lembrou-se das palavras de Caio e chorou, chorou aliviada, pensando que hoje estava difícil, mas amanhã o dia seria melhor. Procurou, mentalmente, cantar a canção *Nossa Senhora*, de Roberto Carlos, que muito a emocionava.

4
A INSTABILIDADE DE ÓTAVIO

Finalmente as férias de Basílio e família terminaram. Assim que os pais abriram a porta do carro, Ester correu para a casa de Hugo, pois estava saudosa de seu amigo.

A porta da frente estava aberta, como de costume, e a menina, feliz, entrou correndo, chamando pelo amigo:

— Hugo! Hugo!

Vera saiu da cozinha onde preparava uma suculenta sopa para eles e, sorrindo, perguntou à menina:

— Veja só quem chegou, para nossa alegria! Essa gritaria toda é saudade do Hugo? E eu? Não mereço um abraço?

Ester correu de braços abertos e foi acolhida por Vera. O carinho entre as duas criaturas era visível aos olhos observadores de Hugo, que acabava de entrar na sala, também correndo, para matar a saudade da amiga.

Sempre há vida • **27**

Nesse instante, Basílio e Cristina adentraram a casa e se juntaram ao pequeno grupo no abraço caloroso e repleto de saudade.

Enquanto as crianças foram atrás de brinquedos, os três amigos colocavam o assunto em dia. Vera contou sobre os últimos acontecimentos, sobre a violência sofrida por parte de Otávio e sua recente internação.

— Por Deus! Como tudo isso foi acontecer em tão pouco tempo? – disse Cristina.

— Nem eu mesma consigo entender. Otávio sempre teve gênio difícil, mas nos últimos dias parece ter perdido completamente o controle sobre as suas emoções. Confesso que estou temerosa, não sei como será depois que ele receber alta hospitalar – desabafou Vera.

— O médico falou sobre avaliação psiquiátrica, não foi? – perguntou Basílio.

— Falou, sim, foi hoje, pela manhã, quando ele se tornou violento. Acredito que até amanhã ele terá alguma novidade sobre esse assunto – respondeu Vera.

— Estamos aqui novamente, e para tudo que vocês precisarem nós estaremos à disposição – ofereceu-se Cristina, abraçando a amiga, que, emocionada, caiu em um pranto libertador.

— Desculpem, mas vocês sabem que somos sozinhos, e não tenho com quem conversar sobre esses assuntos. Apenas o instrutor de futebol está sabendo disso tudo. Ele nos ajudou bastante por esses dias.

— O Hugo ficou no futebol? – perguntou Basílio, espantado.

— Não, esse rapaz, o Caio, ele conversou comigo e explicou que meu filho não tem afinidade alguma com o futebol, então, falou sobre um time de vôlei, e o Hugo adorou! Ontem mesmo ele fez o primeiro treino, e fiquei admirada com o desempenho dele.

— Que beleza, minha amiga, mas o Otávio já sabe disso? – indagou Cristina.

— Sabe, sim, e parece ter concordado, mas vocês sabem como ele é, não sei como reagirá depois que sair do hospital – respondeu Vera.

— A Ester também quer praticar vôlei. Ela tem falado sobre isso esses dias. Acho que os dois conversaram pela internet e o Hugo deve ter falado sobre essa atividade – completou Basílio.

— Pode ser, ele havia pedido a mim para interceder junto ao pai – disse Vera.

Nesse instante o telefone tocou. Era do hospital, e informaram a Vera que Otávio havia sido levado para a UTI novamente, pois seu estado de saúde havia se agravado. O médico informou que, por causa de uma insuficiência cardíaca, os dois pulmões estavam cheios de líquido, dificultando a respiração.

Basílio se ofereceu para levá-la ao hospital, mas Vera disse que, segundo o médico, não adiantaria, pois a UTI tinha horários específicos de visita.

Os amigos conversaram mais um pouco, e depois Basílio e Cristina voltaram para casa. Ester pediu aos pais que permitissem que ela dormisse na casa de Hugo. Vera sorriu e falou:

Sempre há vida • **29**

— Acredito que nós já sabíamos desse pedido antes mesmo de ser feito.

— Por nós, tudo bem, mas, Vera, você deve estar cansada – disse Cristina.

— Cristina, não se preocupe, para mim será ótimo ter a companhia dessas duas criaturas animadíssimas – respondeu ela sorrindo.

Os dias passaram sem muitas novidades. Otávio ainda estava internado na UTI e mostrava alguma melhora – pouca, mas significativa. Hugo e Ester frequentavam o mesmo grupo de treinamento para o vôlei.

A vida seguia, e Vera se acostumava com a ausência de Otávio. Com o passar dos dias, ela foi percebendo que seria melhor assim, pois conseguia agir com mais liberdade e segurança e descobria, aos poucos, quem realmente era, do que gostava e o que desejava para seu futuro. Apenas a ideia da volta do marido a atormentava, e ela buscava respostas e soluções para seu problema, mas sabia que ainda deveria enfrentar muitas dificuldades, primeiro, porque Otávio estava doente e precisava de cuidados especiais, segundo, porque ele nunca acceitaria a ideia da separação. Por fim, descobria ser incapaz de continuar com aquele relacionamento doentio. A moça orava e pedia a Deus que a fortalecesse e intuísse sobre a melhor maneira de colocar em prática o aprendizado que adquiria dia a dia.

Otávio voltou ao quarto do hospital, e Cristina se ofereceu para tomar conta de Hugo enquanto Vera precisasse estar ausente.

Vera entrou no quarto, e Otávio, visivelmente, abatido e debilitado, estava adormecido; ela sentou-se ao lado do marido, ficou observando seu semblante e pensou: "Meu Deus, eu nem me lembrava direito dos traços de Otávio. Estava aqui todos os dias no horário de visita da UTI, mas tudo parecia irreal. E agora, sentada ao lado dele, percebo que sinto compaixão pelo sofrimento físico que ele enfrenta, mas sentimento de amor, de esposa para marido, nem sei se um dia eu senti. Casei muito jovem, cheia de ilusões, imaginando que ele fosse um homem bom, amoroso e delicado, mas aos poucos ele foi modificando essa impressão dentro de meu coração. Como vou fazer para aceitá-lo novamente? Não consigo imaginar ele me tocando. Então, cobriu o rosto com as mãos e chorou baixinho". De repente, ouviu uma voz fraca e rancorosa:

— Pode começar a chorar mesmo, vou acabar com sua vida quando sair desse hospital. Estou aqui de desgosto por sua causa e por causa daquele moleque que só me causa repulsa. Você o mimou muito e o transformou numa menininha mimada. Vou acabar com os dois.

Vera olhou para aquele rosto cadavérico e assustado e percebeu o ódio que ele alimentava contra ela e seu filho.

— Otávio, você está doente, para com isso, esses sentimentos ruins farão com que o seu estado de saúde piore.

— Não fale comigo, sua vadia. Não fale comigo! Saia daqui, arrumarei forças e me levantarei para te enforcar com minhas próprias mãos.

Vera saiu do quarto e foi em busca de ajuda junto ao posto de enfermagem.

— Bom dia, o médico que está cuidando de meu marido está no hospital?

— Ele desceu para a emergência, mas, se a senhora esperar um pouco, ele volta. Espere no quarto, por favor.

Encabulada, Vera relatou o comportamento do marido para a enfermeira, a qual, penalizada, recomendou que a outra esperasse em uma saleta destinada aos visitantes.

Algumas horas se passaram, e o médico, alertado pela enfermeira, foi ao encontro de Vera.

— Bom dia, dona Vera, desculpe a demora, mas tivemos vários casos graves na emergência.

— Não se preocupe, doutor. Estou livre para ficar o dia todo aqui.

Vera relatou o comportamento do marido, e o médico, pensativo, falou:

— Vou entrar em contato com o psiquiatra e pedir uma avaliação. Enquanto isso, procure não ficar perto dele, está bem? Da outra vez em que esteve por aqui, seu marido também mostrou esse estado alterado de comportamento, mas a avaliação foi adiada por causa do estado físico dele, mas, agora, devemos fazer esse procedimento.

— Obrigada, doutor. Será que o psiquiatra passa ainda hoje?

— Vou pedir essa avaliação com urgência, está bem?

— Obrigada.

O telefone celular da moça tocou: era Cristina pedindo notícias. Vera informou a amiga sobre os últimos acontecimentos, e esta a incentivou a ter esperanças e paciência, e avisou que levaria as crianças ao treinamento de vôlei. Vera agradeceu e falou que, se desse certo, ela os encontraria lá.

5
A FRAGILIDADE DE VERA

Quando Vera saiu do hospital já passava das dezenove horas, e o psiquiatra ainda não havia visto Otávio. Ela tentou entrar no quarto para se despedir do marido, mas, assim que apareceu na porta, ele começou a gritar como louco, a ofendê-la e ameaçá-la de morte. A enfermeira logo veio em seu socorro. Fragilizada pelos últimos acontecimentos, Vera desabou em triste pranto, pois a mágoa a machucava muito, mas, aos poucos, foi se acalmando. Pediu desculpas a todos que a auxiliaram, mas sentia-se na obrigação de dizer ao marido que estava indo embora. Os profissionais, compreensivos e compadecidos pelo sofrimento da moça, a consolaram e afirmaram que, havendo qualquer novidade, telefonariam. Vera agradeceu e dirigiu-se ao ponto de ônibus.

No trajeto do hospital para academia, o trânsito estava difícil e demorou mais que o normal. Ela finalmente desceu do ônibus, andou uma quadra e entrou no prédio. Logo avistou Cristina sentada na lanchonete e dirigiu-se para lá. A amiga observou-a se aproximando e pensou, enternecida: "Como ela está abatida, meu Deus, não deve nem ter se lembrado de comer alguma coisa". Vera se aproximou, e Cristina levantou-se da cadeira e a abraçou, confortadora e amorosa.

— Senta, hoje eles estão oferecendo um caldo de feijão muito gostoso, eu vou pegar um para você.

— Não se preocupe comigo, estou sem fome.

— Nem pensar, você vai comer, sim, está pálida e não deve ter comido nada o dia todo, não é?

Vera sorriu, abaixou os olhos e deixou as lágrimas escorrerem pelo rosto abatido.

— Eu já volto – falou Cristina.

Caio, entrando na cantina, observou Vera, cabisbaixa e triste, e então se aproximou, preocupado.

— Dona Vera, tudo bem?

A moça, levantando os olhos, não suportando mais a pressão emocional sofrida no dia, desabou em um pranto sentido, que sacudia todo o seu corpo frágil. Caio sentou-se à sua frente e, tomando as mãos dela entre as suas, disse com carinho:

— Seja o que for que a faz sofrer, acredite que chegará uma hora em que tudo será resolvido e a senhora será libertada desse problema. Apenas creia em Deus e no merecimento de estar entre seus filhos prediletos, a humanidade.

Sempre há vida • **35**

Cristina se aproximou e viu a cena suave e delicada com os olhos úmidos por lágrimas de esperança e um pensamento de conforto para aquela amiga que há tanto tempo vinha sofrendo em silêncio. Abraçou a amiga e ouviu as palavras de carinho proferidas pelo rapaz. Caio se levantou, acariciou os cabelos de Vera e saiu da cantina, visivelmente emocionado.

Ester e Hugo terminaram o treino e, felizes, foram se juntar a suas mães. Cristina convidou-os para comer uma pizza, pois era sexta-feira e o casal tinha o hábito de comemorar o final de mais uma semana de trabalho. Vera aceitou o convite, e Cristina ligou para Basílio para que ele fosse encontrá-los na pizzaria. A noite transcorreu serena, com conversas edificantes, e a alegria das crianças aliviou a tensão em que Vera se encontrava.

O dia seguinte amanheceu radioso. Vera abriu a porta de sua cozinha e saiu para o quintal com uma caneca de café nas mãos. Olhou para sua pequena horta e, feliz, percebeu que algumas verduras que havia plantado estavam se desenvolvendo saudáveis. Abaixou-se, arrancou algumas ervas daninhas e pensou: "A vida poderia ser assim, fácil: quando percebêssemos que algo nos faz sofrer, poderíamos delicadamente arrancar esse mal de nosso caminho. Não sei o que farei de minha vida. Otávio está a cada dia mais irascível, tenho receio de que ele se torne violento com o meu filho. Hugo está desabrochando para as características de sua individualidade, e percebo que será o oposto do que Otávio sonha para ele. O que farei, meu Deus? Ele nunca permitiu que eu trabalhasse, não terminei nem mesmo o segundo grau, sou apenas uma dona de casa".

O telefone tocou. Vera entrou em sua casa e imediatamente o atendeu.

— Bom dia, dona Vera, eu sou o doutor Joaquim, psiquiatra no hospital em que seu marido está internado.

— Bom dia, doutor. O senhor conseguiu avaliar meu marido?

— Acabei de sair do quarto dele e precisamos conversar. A senhora poderia estar aqui dentro de, no máximo, uma hora?

— Posso, sim, dentro de uma hora estarei aí.

Vera pediu auxilio para Cristina, que se prontificou a cuidar de Hugo. Basílio se ofereceu para levar a amiga de carro até o hospital e disse que, se fosse necessário, ele a esperaria. Vera agradeceu e logo estava pronta.

A moça agradeceu a carona de Basílio, mas preferiu estar sozinha na conversa que teria com o psiquiatra.

Chegando, ela procurou pelo doutor Joaquim e foi encaminhada ao consultório dele, que foi logo dizendo:

— Por favor, dona Vera, sente-se. Precisamos tomar algumas decisões quanto ao tratamento que seu marido precisa. A senhora poderia descrever a relação dele com a família e os amigos?

— Por favor, doutor Joaquim, eu estou muito preocupada. Otávio sempre foi difícil de lidar, eu nunca soube exatamente como agradá-lo, pois ele muda muito de gostos e ideias. Ultimamente, ele tem se tornado agressivo. Tenho conseguido contornar essas situações e não permitir que agrida meu filho, mas ele já me bateu várias vezes, e quando tento mostrar o erro desse tipo de comportamento, ele parece não compreender isso. Quanto a amigos, ele sempre acha que as pessoas só estão ao lado dele por interesse, porque querem algo de nós, então, ele não tem amigos. Fica isolado nos ambientes que frequenta, é desagradável no trato social. Às vezes, ele fica bem, tranquilo, mas qualquer coisa que vá contra a vontade dele é motivo para desequilibrá-lo. Distorce o que falamos e reage de forma intensa e agressiva. E, nos últimos meses, tem consumido muita bebida alcoólica, e às vezes até mesmo desconfio que esteja usando drogas. Confesso, doutor, que sinto muito medo de ficar sozinha com ele.

— Por favor, me conte como ele foi internado.

— Não sei ao certo o que originou essa crise, sei que algo aconteceu, provavelmente porque meu filho de dez anos não se adaptou ao futebol e preferiu o vôlei. Sei que, depois de receber essa informação do treinador, Otávio foi para um bar e bebeu muito, a ponto de ficar desacordado e entrar em coma alcoólico. Ele foi hospitalizado porque os médicos perceberam que o estado de saúde dele estava bastante grave: diabético, cardíaco e com pressão alta. Um casal vizinho me ajudou bastante naquela noite, pois nós não temos parentes na cidade e precisei recorrer a eles. Para Otávio, esse fato é considerado humilhante, pois ele viu seus vícios e comportamento desequilibrado expostos a estranhos, então, me culpa de maneira violenta e disse vai se vingar de mim.

— Está bem, dona Vera, vou avaliar suas informações e também o que observei no comportamento do senhor Otávio. Em breve terei um diagnóstico pronto, mas vou adiantar sobre um procedimento inicial para controlar essa crise psicótica, que é internação por determinado período, está bem?

— Santo Deus! Ele já sabe disso?

— Não, falarei com ele somente depois de conversar com alguns colegas de profissão. Provavelmente ele vai recusar o tratamento internado e, nesse caso, precisaremos de sua autorização.

Vera passou as mãos pelos cabelos, imaginando a reação do marido a sua atitude.

— Nossa! Ele vai me matar.

— Após medicado e mais controlado, a reação dele será menos agressiva, pois se sentirá melhor, está bem? Voltarei a conversar com a senhora.

— Eu posso ir até o quarto para vê-lo?

— Acredito que será melhor deixar para outro dia, ele está bastante agressivo hoje, e tivemos de sedá-lo. Vamos permitir um pouco de descanso ao paciente, está certo?

Vera aceitou a sugestão do médico e foi para sua casa. Apesar de compreender as razões expostas pelo doutor, sentia-se mal por não ter estado no quarto ocupado por Otávio.

Sempre há vida • **39**

Chegando em casa, logo Cristina trouxe Hugo, que estava bastante cansado e com sono. Carinhosa, Vera aprontou o filho para dormir, levou-o até a cama, cobriu-o, convidou-o a uma pequena prece infantil, beijou sua testa e, feliz por ver o menino bem, saiu devagar do aposento para não atrapalhar seu sono.

Sentou-se na cozinha, olhou à sua volta e pensou que precisava comer alguma coisa, pois sentia alguma fraqueza e sabia que era falta de alimentos. Então, o telefone tocou. Ela levantou-se e atendeu:

— Boa noite, dona Vera. É Caio, o treinador de futebol. Tudo bem? Estou incomodando?

— De maneira nenhuma, acabei de voltar do hospital.

— Estava preocupado, perguntei à dona Cristina, mas ela disse que ainda não sabia como estava seu marido.

— Ainda debilitado fisicamente. O caso é bastante grave. Falei com o psiquiatra no fim da tarde e eles estão tentando fechar um diagnóstico, mas é certo que ele precisa de tratamento, e talvez seja internado. O médico disse que a crise está bem grave. Vou precisar assinar a autorização para interná-lo em uma clínica psiquiátrica.

— Será melhor para ele, dona Vera. Após controlada a crise, ele estará mais calmo e com mais condições de entender sua atitude.

— Tenho muito medo, treinador, muito medo. Conhecendo meu marido, não acredito que ele entenderá, pois ele é muito orgulhoso, e provavelmente reagirá de forma violenta.

— Tenha esperança, as coisas devem melhorar após ele ser medicado. Conheço algumas pessoas que, depois de serem diagnosticadas com transtornos mentais, acabaram tendo a oportunidade de viver com mais alegria e calma.

— Deus o ouça, treinador, Deus o ouça. Obrigada por seu interesse e atenção.

— A senhora sabe que pode contar conosco, não é? Qualquer coisa que precisar, estaremos à sua disposição.

Vera agradeceu mais uma vez e desligou o telefone. Sentou-se no sofá da sala com a cabeça entre as mãos e chorou sentida.

6
Más notícias

Os dias foram passando, e finalmente o psiquiatra pediu a Vera para encontrá-lo em seu consultório.

— Bom dia, dona Vera. Por favor, sente-se.

— Bom dia, doutor. O senhor tem um diagnóstico para Otávio?

— Tenho, sim, senhora. Devemos decidir o fazer, que medidas tomaremos a partir de hoje para iniciar o tratamento de seu marido.

— Por favor, doutor!

— Após conversar com alguns amigos psiquiatras, chegamos à conclusão de que Otávio atende às características de um paciente esquizoafetivo. Ainda há bastante controvérsia a respeito desse diagnóstico por parte de alguns colegas: uns aceitam e outros rejeitam essa nova nomenclatura que visa, sobretudo, diferenciar diagnósticos duplos, ou seja, para pacientes que apresentam sintomas de bipolaridade e, também, de esquizofrenia ativa. O esquizoafetivo não é considerado totalmente esquizofrênico, mas sofre períodos de psicoses graves, com características de transtornos afetivos, ou seja, períodos que podem ser considerados de depressão e mania, mas também sem sintomas psicóticos. Outro caso é quando acontecem fases em que o paciente fica psicótico sem sintomas afetivos. Enfim, há a manifestação de critérios que nos levam ao diagnóstico para dois distúrbios, que acontecem ao mesmo tempo. Para não diagnosticar o paciente com duas doenças mentais, comportamentais, definiu-se o transtorno esquizoafetivo. Os pacientes que são diagnosticados não devem se preocupar porque seu tratamento independe do nome do diagnóstico: depende, sim, dos sintomas apresentados, e este é o aspecto direcionador do trabalho do médico.

— O senhor está dizendo que meu marido apresenta sintomas de duas doenças mentais, a esquizofrenia e a bipolaridade?

— Sim, senhora. E, no momento, ele se encontra em uma crise bastante importante. Há momentos em que ele manifesta mais determinadas características, como períodos prolongados de mania, então, fica agressivo e perde contato com a realidade, ou há distorção da realidade. Essas distorções podem ocorrer na percepção e na cognição desordenadas, como alucinações auditivas, delírios, paranoia, discurso e pensamentos desordenados, disfunção social e ocupacional. Esse transtorno

Sempre há vida • **43**

pode levar o paciente a reagir com violência, visto acreditar que as ideias infiltradas em sua mente são verdadeiras. No caso do senhor Otávio, por causa de sua internação e o que a motivou, ele acredita se tratar de um plano diabólico da senhora para desacreditá-lo.

— Santo Deus!

— Ele não está respondendo bem aos medicamentos, então, vamos precisar lançar mão de uma internação. O caso se complicou muito, haja vista a condição de saúde dele: o coração está bem debilitado e o estado mental piora a doença cardíaca.

— O que pode ser feito?

— O cardiologista deve entrar com uma medicação estabilizadora, e aí poderemos aumentar as doses dos medicamentos antipsicóticos. Esperamos que, dessa maneira, ele consiga melhorar para outros procedimentos necessários.

— Que procedimentos são esses?

— Isso a senhora deverá conversar com a equipe médica responsável por ele. O doutor Wagner, cirurgião cardíaco, deve atendê-la dentro de duas horas, no hospital.

— Cirurgião?

— Sim, senhora.

— O senhor não pode adiantar nada?

— Infelizmente, não. Essa parte realmente não é da minha alçada.

Vera agradeceu, despediu-se do médico e foi para o hospital.

Após esperar por três horas, o médico veio ao seu encontro.

— Desculpe a demora, mas tivemos algumas emergências.

— Tudo bem, doutor.

— Sente-se, por favor. Primeiro, o estado de saúde de seu marido está a cada dia mais grave. O coração está tão danificado que qualquer procedimento mais invasivo pode acarretar uma parada cardíaca irreversível.

— Como pode ser? Até poucos dias atrás ele parecia estar tão bem.

— Ele tem uma fragilidade orgânica congênita, uma doença cardíaca preexistente, e deve ter hábitos alimentares ruins, ser uma pessoa inativa, estar sempre desequilibrado emocionalmente etc. Isso foi agravando o estado de saúde dele, inclusive, ele sofre com graves alterações do ácido úrico no organismo, o que contribuiu bastante para esse processo. Ele vai continuar internado, deve voltar para a Unidade de Terapia Coronária, e resolvemos incluí-lo na lista de espera para transplantes de coração.

— Transplante? Meu Deus! Acho que meu convênio médico não cobre isso.

— Quanto a isso, temos convênio com o Hospital das Clínicas da cidade, e podemos fazer a transferência do paciente para lá, quando houver necessidade.

— Doutor, já vai fazer quinze dias que ele está afastado do serviço, preciso providenciar a informação para os órgãos públicos. O senhor sabe onde arranjo essa papelada?

— A secretaria do hospital providencia tudo isso. A senhora entendeu o que faremos a partir deste momento?

— Entendi, sim, doutor.

— O transplante é uma possibilidade, por isso já iniciamos as providências, mas vai depender do estado de saúde do senhor Otávio, está bem?

— Sim, senhor.

Vera saiu do consultório com a cabeça doendo e ânsia de vômito. Ela sentou-se um pouquinho em uma poltrona e atribuiu essas sensações ao seu estado emocional.

Não sabia a quem recorrer. Era tão sozinha, por causa do gênio de Otávio. Deu-se conta de que somente Cristina e Basílio eram aceitos por sua família, e isso por causa de Hugo, que tanto insistira nesse relacionamento.

Vera sentiu-se melhor, levantou e foi para a secretaria do hospital. A moça a atendeu com carinho e prometeu ter os papéis necessários prontos para o dia seguinte.

Vera saiu para a rua, entrou em um ônibus e desceu perto da academia de futebol e para lá se dirigiu, sem se dar conta do caminho que tomava. Entrou no prédio, e logo Caio a avistou e veio ao seu encontro.

Vera levantou o rosto e viu o moço à sua frente. As lágrimas escorreram por seu rosto e, enfraquecida, ela cedeu ao cansaço e desmaiou.

Caio pediu ajuda e rapidamente um funcionário o auxiliava. Ambos colocaram a jovem senhora deitada em um sofá no pequeno escritório ocupado pelos sócios da empresa. Orlando e Débora, informados da ocorrência, logo se juntaram ao amigo.

— O houve? – perguntou Débora.

— Não sei. Ela entrou e eu vi que algo estava errado, ela cambaleava e chorava, estava muito pálida e, quando eu me aproximei, desmaiou. Tive apenas tempo de não deixar que caísse ao chão – respondeu Caio.

— Ela emagreceu muito desde o dia em que veio aqui pela primeira vez, e isso faz o quê? Uma semana? – questionou Orlando.

— Dez dias.

Débora olhou para o amigo e percebeu o sofrimento e a ansiedade espelhados em seu semblante.

— Sou enfermeira formada, vocês se lembram? Orlando, pega a maleta médica para mim.

Logo a moça examinava Vera.

— A pressão está muito baixa, e os batimentos cardíacos também. Precisamos de um veículo de resgate.

Vera começou a voltar a si, ouviu as últimas palavras de Débora e disse, aflita, com a voz enfraquecida:

— Não precisa, estou sem comer há vários dias. Não consigo nem mesmo engolir água.

— Por isso mesmo você precisa de soro acrescido de vitaminas. Caio, você terminou suas aulas, não é? – perguntou Débora.

— Terminei, sim. Vou levá-la à clinica de meu irmão. Ele não vai se importar. Venha, dona Vera, eu ajudo a senhora.

— Não quero dar trabalho, já estou bem, posso ir ao hospital sozinha – respondeu a moça, envergonhada.

Sempre há vida • **47**

— Não mesmo. Pelo jeito, você tem negligenciado sua saúde há bastante tempo. Hoje, nós decidimos, está bem? – disse Orlando sorrindo.

Vera abaixou a cabeça e aceitou o bem-vindo auxílio. Pediu para que avisassem a amiga Cristina e pedissem que ela pegasse Hugo na escola, o que foi prontamente atendido. Logo os dois já estavam a caminho da clínica médica.

Flávio, irmão de Caio, já os esperava na portaria. Solícito, levou uma cadeira de rodas para Vera não precisar fazer nenhum esforço. A moça, receosa de estar dando trabalho, pediu desculpas. Flávio riu alto e disse, alegre:

— Pela primeira vez, meu irmão traz uma paciente bonita e que ainda é educada. Tenho que agradecer, menina. Vamos lá!

Logo Vera foi acomodada em uma maca, e uma jovem bastante simpática se aproximou com uma bandeja contendo alguns instrumentos necessários a seu atendimento e uma embalagem contendo soro acrescido de vitaminas.

— Olá, sou Sandra, cunhada do Caio e esposa do Flávio. Você está muito pálida.

— Os últimos dias foram muito tumultuados e acabei esquecendo de comer.

— Quem me dera esquecer também, olha aqui como estou gordinha – disse Sandra rindo.

— Mas você está grávida, tem que engordar um pouco mesmo – respondeu Caio.

— Um pouco, cunhado, um pouco, mas ando com tanta fome que nada que como parece ser suficiente – comentou Sandra de bom humor.

Flávio ouviu as últimas palavras da esposa, fez um carinho em seu rosto e falou, emocionado:

— Você come por dois, não se esqueça, e está a cada dia mais linda, não é mesmo, Vera? Ela não é linda?

— É, sim, muito linda – respondeu a outra com sinceridade e sorrindo pela primeira vez em vários dias.

— Está vendo? Ainda tenho uma cumbuca de sopa que a mamãe fez na geladeira, vou esquentar e trazer para nossa paciente – avisou Flávio.

— Deixa que eu faço isso, cuide dela para mim – disse Caio.

Vera olhou para o moço que a observava encantado. Tímida, abaixou os olhos, e seu rosto corou.

Flávio olhou para esposa, que por sua vez observava a aliança de casada na mão de Vera; então, olhou para o marido demonstrando preocupação.

Logo Caio voltou. Vera já recebia medicação endovenosa. O moço insistiu para que ela tomasse a sopa, fez que sentasse na cama e, amoroso, levava as colheradas do líquido quente à boca de Vera.

Sandra fez um sinal com os olhos para o marido, sugerindo que ele conversasse com o irmão.

— Caio, preciso trocar algumas ideias com você. Deixe a Sandra ajudar a Vera, afinal, são mulheres e devem ter muito o que conversar – disse Flávio sorrindo.

Sempre há vida • **49**

— Não pode ser depois? Gostaria de ficar aqui junto à minha amiga – retrucou Caio.

— Preciso que seja agora, uma situação bastante importante vai depender de nossa conversa, está bem? – insistiu o rapaz.

— Está bem. A senhora ficará bem? – perguntou Caio a Vera.

— Não se preocupe, eu já me sinto bem melhor. E Sandra vai me contar sobre sua gravidez, o melhor período da vida para uma mulher.

Caio e Flávio dirigiram-se ao consultório da clínica em silêncio. Caio podia imaginar o motivo da urgência da conversa, pois conhecia bem o irmão mais velho, sempre preocupado com a família, e vê-lo ao lado de uma mulher que usava um anel de casada deveria estar incomodando-o bastante.

— Muito bem, Flávio, estamos a sós. É sobre Vera, não é?

— É, sim, meu irmão. Ela é casada, não é? E vejo que você está muito apaixonado por ela, e me pareceu que ela também não é indiferente a você. O que está acontecendo? Eu o conheço bem e sei que não é homem de se deixar envolver em situações assim.

— Você tem razão em tudo o que falou até agora. É uma história que está saindo do meu controle emocional. Estou muito envolvido com Vera. Não há nada entre nós e não poderia haver, visto que ainda está casada.

— Ainda está casada? Ela está se separando do marido por sua causa?

— Não, nós nunca nem ao menos tocamos nesse assunto, nem mesmo sei se ela corresponde ou ao menos sabe de meus sentimentos.

— Então, me explique, estou bastante confuso.

Caio contou a história de Vera e sua família, desde o momento em que seu marido, Otávio, apareceu na academia.

— Que sujeito mais mau-caráter! E o que a Vera pretende fazer quando ele sair do hospital? Aliás, pelo que você contou, ela já deveria estar se precavendo e fazendo denúncias junto à Delegacia da Mulher, ou estar acompanhada por um advogado.

— Ainda não sei, mas pretendo ajudá-la a resolver esse problema, principalmente pelo Hugo, que me parece um excelente menino.

— Que judiação, meu irmão. Eu e a Sandra estamos tão emocionados e felizes com a chegada de nosso filho, esperando com ansiedade para cuidar dele e auxiliá-lo a encontrar a própria felicidade, de acordo com o que ele entende por certo. Como um indivíduo desses pode fazer tanto mal a uma criança que depende dele para quase tudo? Nós fazemos parte de uma família comprometida uns com os outros, mas indivíduos como Otávio só pensam em seus prazeres e necessidades, que são bens materiais. Não gosto nem ao menos de pensar em como esses dois, Vera e Hugo, devem ter sido maltratados e humilhados por todos esses anos. Eu entendo o que você está vivendo, essa história é muito doida, e podem contar comigo para o que precisarem,

Sempre há vida • **51**

mas não se esqueça de que ela ainda está casada, e você não sabe se terá forças para modificar essa situação. Então, meu irmão, não se iluda e procure não se apegar demais aos dois. Eles são uma família e passam por problemas sérios, e você está no meio disso tudo, meio sem rumo.

— Andei pensando em tudo isso, Flávio. No momento, vou apenas ajudar conforme as situações forem aparecendo, está bem?

— Eu sei que você é um homem de bem, sempre foi bastante ponderado em suas decisões, mas às vezes o coração nos prega umas peças boas.

Caio sorriu e abraçou o irmão. Brincando, perguntou:

— Mais sossegado? Posso me juntar a Vera e Sandra?

— Pode, sim, e não se esqueça do nenê.

7
A visita à Casa Espírita

Após o incidente do desmaio, Vera procurou cuidar de sua saúde com mais atenção, entendendo que estava sobrecarregada de afazeres e responsabilidades, mas que Hugo precisava dela – se adoecesse, o que aconteceria com seu filho?

Otávio continuava internado na Unidade de Terapia Intensiva, aguardando a possibilidade de um transplante cardíaco. A moça comparecia todos os dias nos horários de visita, mas sua presença era recusada pelo marido.

Naquele dia, ela acordou com uma sensação muito esquisita, parecia estar sendo observada a todo instante, e de tempos em tempos ouvia um grito agudo próximo ao seu ouvido.

Levou Hugo para a escola e voltou para casa, pois resolvera fazer doces e bolos para vender, a fim de ajudar com as despesas da casa. Estava com um pacote de açúcar nas mãos quando sentiu um empurrão no braço, que a fez derrubar tudo no chão, e então ouviu nitidamente uma voz feminina enraivecida:

— Sua desgraçada, agora eu a encontrei e vou me vingar por tudo o que fez comigo.

Apavorada, Vera saiu correndo para fora de casa e encontrou Cristina.

— Cristina, que susto!

— O que houve? Você está branca como uma folha de papel.

— Eu estava colocando açúcar numa tigela, quando senti alguém empurrar com força meu braço, e depois me dizer coisas horríveis.

— Venha, vamos entrar e orar!

— Eu estou com medo!

— Não tema! Apenas considere esse fato como uma oportunidade dada por Deus a você.

Cristina olhou para Vera e riu da aparência da amiga, coberta de açúcar. Vera bateu as mãos na roupa e, sorrindo, explicou que estava fazendo um bolo de aniversário, uma encomenda de uma vizinha.

— Vamos entrar, e eu te ajudo com sua receita.

Vera aceitou a oferta de Cristina, pois não queria mesmo ficar sozinha, ainda estava bastante amedrontada.

— Você falou para eu considerar o que houve como uma oportunidade de Deus, eu não entendi.

— Essa mulher deve fazer parte de seu passado, e ainda equivocada com as necessidades da vida, se prende a um período de trevas e ignorância.

— Eu não disse a você que era uma mulher, como você sabe?

— Lembra que um dia ficamos conversando até tarde?

— Quando Otávio viajou?

— Isso mesmo. Eu disse a você que era espírita, estudava os livros da codificação kardequiana e era médium.

— Lembro, sim.

— Um tipo de mediunidade é a vidência, e eu a tenho, consigo enxergar o mundo dos espíritos, e tenho visto essa mulher andando por sua casa, e mesmo quando você sai, às vezes, ela a acompanha.

— E por que você não me disse isso antes?

— Você acreditaria em mim?

Vera silenciou por um instante e ponderou a interrogação da amiga.

— Creio que não, mesmo já tendo passado por algumas experiências nesse sentido, mas nada tão ostensivo como foi agora. Por favor, me explique como é ser médium.

— Mediunidade é o nome dado à capacidade de perceber o mundo dos espíritos. Esse fenômeno acontece no processo evolutivo, e os espíritos encarnados também vivenciam essa experiência.

— Então, todos nós temos mediunidade? E os espíritos encarnados, como você disse, somos nós?

— Isso mesmo, e quando estudamos a doutrina dos espíritos aprendemos que o espírito encarnado é denominado alma. E todos nós somos médiuns. O que varia entre um e outro é a intensidade da capacidade de perceber o mundo dos espíritos.

Sempre há vida • **55**

— Isso quer dizer que uns enxergam melhor o mundo dos espíritos do que outros?

— Isso mesmo, Vera. E não há só a vidência, existem vários tipos de mediunidade, e cada qual se manifesta revestido das características do médium.

— Como você explicaria o que aconteceu hoje comigo?

— A mediunidade se manifesta com a aproximação do espírito desencarnado de nosso perispírito, criando, dessa forma, uma afinidade vibratória que, quando percebida, desenvolve o fenômeno da sintonia. Então, você conseguiu sentir a aproximação da mulher e escutar seu pensamento.

— Quanta informação interessante e nova. E o que me intriga é que nada me parece de difícil entendimento. Mas o que seria o perispírito?

— Vamos falar rapidamente sobre o assunto, porque, para entender de uma forma mais profunda, é necessário um estudo constante e sério. O perispírito é um corpo idêntico a esse que desfrutamos nessa encarnação; ele é mais vaporoso e de energia mais sutil. É ele que dá forma a nossa matéria, e envolve o espírito. É através do perispírito que percebemos a movimentação do mundo invisível, ele é um instrumento de ligação entre o espírito e o corpo físico.

— E o que você disse sobre afinidade vibratória e sintonia? Pode explicar um pouquinho?

Cristina sorriu com a animação da amiga e continuou:

— Posso, sim, Vera, mas não agora. Ficamos aqui cozinhando e conversando e já está na hora de buscar as crianças na escola.

— É verdade, e acabei de colocar a massa do bolo no forno.

— Não se preocupe, eu vou buscá-los. E você não deixe queimar a massa – Cristina falou brincando.

— Está certo, eu faço o almoço, será algo simples, mas prometo caprichar.

— Combinado, eu já volto, e com duas crianças famintas, com certeza.

Cristina voltou com as crianças. Eles almoçaram e as mulheres continuaram o que haviam interrompido, a confecção do bolo e a conversa edificante.

— A mulher que você falou, ela está por aqui? E o que eu devo fazer?

— Não importa quando ela está ou não; o que importa é que você percebeu sua presença e também que ela consegue tocar o seu campo vibratório.

— Campo vibratório?

— Todos nós criamos à nossa volta um campo vibratório característico de nosso estado moral e emocional, ou seja, quanto mais equilibrados estivermos, melhor a qualidade dessa energia. Quando você percebeu a presença dessa mulher, o que você pensava e sentia?

— Pensava em Otávio, na raiva que ele sente de mim por algo que não fiz. Senti que estava sendo injustiçada, senti raiva também e vontade de chorar.

— Você permitiu que seu campo vibratório adquirisse características menos saudáveis, o que permitiu a invasão por parte dessa entidade.

Sempre há vida • **57**

— Por que não importa se ela está por aqui ou não?

— Porque agora você sabe da existência dela, e que há algo entre vocês que não foi bem resolvido. Respondendo à sua pergunta sobre o que fazer: ore por essa criatura, pedindo perdão por algo que possa ter feito contra ela, mostrando que você vive outro momento, que não é mais capaz de fazer o mal como ela conhece.

— Pedir perdão? Eu nem ao menos sei quem é essa criatura.

— E isso importa diante do conhecimento da vida eterna, das múltiplas vivências? Quem nos garante que não foi nossa ação que produziu tanto sofrimento? O que é pedir perdão, mesmo sem saber por que, diante do sofrimento de alguém que vive preso num doloroso momento?

— Você tem razão, farei o que me aconselha. Se eu pudesse ir ao centro que você vai para estudar, eu ficaria muito feliz.

— E por que você não pode ir?

— Otávio nunca permitiria isso.

— Uma de nossas mais importantes responsabilidades é com nossa educação espiritual, e aceitar a limitação que o outro nos impõe sem motivo justo é sermos omissos conosco. Essa uma das maiores faltas que podemos cometer.

— Você acha que eu devo ir mesmo contra a vontade de meu marido?

— Neste momento, ele está incapacitado de decidir seja lá o que for, e o que você pretende é algo bom e que pode ajudar toda a família. Quando ele voltar e tiver condições de opinar, você explica a ele, e então vocês resolvem o que fazer. Vamos resolver um problema por vez. Se você decidir ir, é hoje, quarta-feira, e devemos chegar antes das sete e meia, assim tomamos um passe. E não vá me perguntar o que é passe, estamos sem tempo, preciso ir para casa fazer o jantar.

— Eu não tenho com quem deixar o Hugo.

— Tem, sim, o Basílio fica com as crianças. Amanhã ele vai e eu fico – respondeu Cristina sorrindo.

— Mas ele vai tomar conta de duas crianças, ele consegue?

— Consegue, sim, e gosta, além do mais, faz três horas que esses meninos estão em casa e nem ao menos ouvimos suas vozes.

— Eles estão estudando.

— E não dão trabalho nenhum. Quando for sete e quinze, você leva o Hugo lá em casa e nós vamos, está bem?

— Está bem.

Vera estava feliz. Sentia uma certa animação, estado emocional que há muito tempo não sentia. Terminou o bolo cantando e o entregou à vizinha, que a elogiou bastante. Chegando em casa, tomou um banho e, pela primeira vez em muitos dias, olhou para o guarda-roupa em busca de algo confortável e que a deixasse elegante. Feliz, ajudou Hugo a se banhar, se vestir e a escolher um jogo para levar para a casa de Ester.

Na hora combinada, bateu à porta da casa da amiga e foi recebida com entusiasmo.

— Muito bem, Vera. Estou gostando de ver. Você vai gostar da casa espírita que frequentamos, o pessoal é muito amável e bondoso – disse Basílio.

— Basílio, desculpe estar incomodando, mas a Cristina ofereceu e eu fiquei muito animada com esse compromisso.

— Não se preocupe, Vera. Eu e Ester estamos muito animados também. O Hugo prometeu a ela trazer um jogo novo e nós vamos nos divertir, não é, Hugo?

Cristina e Ester adentraram a sala de visitas, e logo uma agradável conversa se instalou entre eles.

— Bom, a prosa está boa, mas precisamos ir, senão vamos nos atrasar.

As moças saíram e logo estavam na frente da Casa Espírita Caminheiros de Jesus. Aquele era o dia do atendimento fraterno e da palestra esclarecedora.

Uma senhora simpática as recebeu com alegria, e Cristina questionou:

— Dona Leonor, ainda há possibilidade de atender minha amiga nas salas fraternas?

A senhora consultou um caderno e, feliz, informou que Vera seria recebida.

— O que eu vou fazer? Você não me disse nada – Vera perguntou a Cristina.

— O atendimento fraterno acontece numa pequena sala, onde uma pessoa estará em vibração e outra conversará com você. Explique a ela sobre os problemas que anda vivendo e sobre o que aconteceu hoje em sua casa.

— E ela me dará respostas?

— Não, é mais provável que faça algumas boas perguntas que a farão refletir sobre o seu aprendizado nesse caos todo que anda vivendo, como também a orientará a melhorar a qualidade fluídica do seu campo vibratório e explicará por que isso é necessário.

8
Um pouco de conforto

Na Casa Espírita, teve início uma palestra edificante, e o assunto escolhido foi o amor e a necessidade do perdão, sendo este o melhor remédio para curar as chagas morais da humanidade.

Vera mostrava grande interesse pelas ideias expostas pela palestrante e, atenciosa, procurava assimilar cada palavra e relacioná-las às situações que andava vivendo. Um senhor se aproximou de Cristina e alertou-a de que era a vez de sua amiga ser atendida. Vera levantou-se e acompanhou-o até a sala de atendimento ocupada por Célia, grata trabalhadora da Casa Espírita.

— Entre, qual o seu nome? – recepcionou-a Célia com um abraço carinhoso.

— Meu nome é Vera, sou amiga de Cristina, que frequenta esta casa há bastante tempo.

— Bastante mesmo, Vera. Nós duas começamos juntas os estudos evangélicos espiritistas, ainda na mocidade. Isso deve contar uns dezoito anos.

— Que maravilha! Vocês devem entender muito bem a Doutrina dos Espíritos.

— Um pouco só, há muito ainda a descobrir, e isso me encanta, pois percebo que terei uma vida repleta de indagações.

— E ter tantas indagações e dúvidas é bom?

— Claro que sim, você já percebeu quanto nos modificamos durante os momentos de adversidades? – Vera fez um sinal afirmativo com a cabeça, e então Célia continuou: – O sofrimento traz consigo a necessidade de buscar respostas para sanar a dor e, dessa forma, exercitamos a nossa inteligência, refletimos, analisamos e buscamos novas respostas através de um aprendizado lúcido e lógico, e assim acabamos por modificar a nossa própria visão do problema que andamos experimentando.

— Você tem razão, não havia prestado atenção nesse fato. Vivo há certo tempo um grave problema, e estava tão envolvida pelas preocupações que foram geradas por ele que não conseguia nem mesmo analisar com certo equilíbrio as soluções possíveis. Sem contar que vivi como um autômato por muito tempo, à sombra de um marido castrador e manipulador. Hoje, ele está muito doente, à espera de um transplante de coração, com problemas graves comportamentais e de humor, desenvolvendo doenças psicóticas que acabaram envolvendo a mim e meu filho. Na maneira de pensar de Otávio, somos responsáveis por tudo o que ele está sofrendo.

— Tente modificar sua visão do todo e descubra que não é vítima de nada que possa acontecer, mas que pode ter um comportamento ativo e renovador em suas atitudes e maneira de pensar. Veja toda essa trama como uma oportunidade de modificar o estado de sofrimento em que vivia.

— Como? Sinto tanto medo de Otávio, sei que ao sair do hospital terá como meta se vingar de nós, e ele é maldoso, não tem piedade da dor que possa infringir a mim e a Hugo, meu filho.

— Ele sempre foi violento assim?

— Não, ele era mandão e autoritário, bastante sistemático. Se as coisas não saíssem da maneira que queria, ele se enfurecia e ofendia muito. A violência física começou há uns dois anos, principalmente contra mim. Quando percebo que ele bebeu e está descontrolado, eu peço a Hugo que se tranque em seu quarto e não saia, mas eu tenho que recebê-lo, alimentá-lo, e não raras vezes, depois de me bater, precisei arrastá-lo, desacordado pelo excesso, para banhá-lo e colocá-lo na cama. No dia seguinte, é como se nada tivesse acontecido.

— E você nunca o confrontou sobre o comportamento que assumiu no dia anterior?

— Nunca tive coragem, e agora, analisando o fato, percebo que permiti a ele nos tratar assim, mas ainda não sei como reverter esse quadro.

— Aproveite este tempo em que ele está acamado para refletir sobre tudo o que andou vivendo, fortalecer o seu ânimo, voltar a acreditar na sua capacidade de construir a própria felicidade, mas, principalmente, descubra o que merece ou não viver, e depois vamos trocando ideias, com a intenção de aclarar a sua mente, alimentando algo muito importante para todos nós, filhos de Deus: a esperança.

— Gostei dessa ideia, parece que estou mais leve e mais segura de mim mesma. Posso perguntar mais uma coisa?

— Pode, sim, Vera, este momento é para isso.

— Hoje cedo eu estava fazendo um bolo para uma vizinha e senti como se alguém agarrasse meu braço e o sacudisse, tanto que segurava um pacote de açúcar e ele voou por todos os lados, e em seguida ouvi uma voz dizendo coisas horríveis, até mesmo proferindo xingamentos. Saí correndo de casa e encontrei Cristina, ela me explicou algumas coisas, inclusive que já tinha visto uma mulher andando por lá e até mesmo me seguindo quando saio, mas ainda tenho dúvidas.

— Você acredita que vivemos múltiplas vidas?

— Cristina me explicou algumas coisas que fazem muito sentido, como a diversidade de maneiras de viver uma vida, que uns nascem saudáveis, outros, com doenças graves, e outros, ainda, com deformações limitantes; uns ricos, e outros, muito pobres, chegando mesmo a uma vida miserável, e que a razão disso tudo está ligada ao nosso passado, às coisas que fizemos, boas ou más.

Célia sorriu e falou, animada:

— Eu não poderia ter explicado de uma maneira mais clara. É assim mesmo, Vera. E, às vezes, nas encarnações passadas, acabamos por fazer inimigos, e alguns acabam entendendo que foi apenas um momento de ignorância, a ignorância e a falta de capacidade de já fazer e resolver as situações de uma forma mais equilibrada; outros desenvolvem sentimentos terríveis a nosso respeito, o que pode levar a um ódio insano, e manter essa criatura presa em si mesma por muito tempo.

— E eles ficam nos perseguindo querendo se vingar?

— Exatamente, mas a bondade de Deus é infinita, e permite que reencarnemos quantas vezes forem necessárias para refazer esse caminho e nos acertar com aqueles que estiverem em nosso caminho.

— Então, essa mulher pode ser um desafeto de meu passado, e foi permitida por Deus essa aproximação para que nós possamos modificar aquilo que está errado?

— Isso mesmo, mas isso não quer dizer que ela tem o direito de interferir negativamente em sua vida. Use a oportunidade recebida, mas sem anular a sua personalidade.

Enquanto Vera era atendida por Célia, a senhora em farrapos e com sérias deformações físicas na base do crânio estava à entrada da Casa Espírita, furiosa e infeliz, gritando impropérios e tentando ofender os trabalhadores que faziam a triagem. Aproximei-me dela sorrindo com carinho e perguntei:

— Por que está tão brava, senhora?

— Isso não interessa a você! Não pense que não o tenho visto rondando nossa casa, porque agora a casa é minha também. O que ela pensava? Que me roubaria o marido ingrato e a filha ainda tão jovem, abusando da ingenuidade de minha menina?

— Não percebe que isso aconteceu há muito tempo e que somente você permanece presa a esse sofrimento? Todos os envolvidos já receberam oportunidades e as aproveitaram.

Ela riu alto e, com deboche, falou:

— Aproveitaram? Ele piorou muito, agora bebe como se fosse um mendigo, tornou-se violento e possesso, faço dele o que quero. Ela finge ser boa moça, mas ouvi seu pensamento, enquanto chorava debruçada na mesa, pensava, ou melhor, pedia a Deus que ele morresse, que seu coração parasse de vez, e a libertasse desse flagelo. E minha linda filha loura, de brilhantes olhos negros que encantavam a todos os homens ricos e poderosos? Veja o que fez a ela. Hoje é um arremedo de mulher, apenas um corpo deformado em forma de homem.

Naquele momento, a fúria renasceu em seus olhos e ela passou a rodopiar no ar como que sustentada por mil demônios. Reunimo-nos, eu e outros amigos espirituais, ao redor da infeliz irmã, oramos por um momento de lucidez, o suficiente para trazê-la de volta à realidade, para que aceitasse auxílio espontaneamente, e finalmente ela desabou ao chão, olhou-nos com agonia, levantou-se trôpega e gritou, amargurada:

— Deixem-me em paz, é somente isso que me resta da vida. Deixem-me em paz!

E saiu desabalada do campo vibratório da Casa Espírita. Oramos a Deus, agradecendo pela oportunidade vivida.

A palestra terminou, assim como os atendimentos fraternos daquela noite. Cinco pessoas que ficavam à disposição na pequena sala de passe saíram. Caio estava entre eles e logo avistou Vera e Cristina juntas. Feliz, foi se encontrar com elas.

— Boa noite, não sabia que a senhora frequentava essa Casa Espírita, Vera. Boa noite, Cristina!

— É a primeira vez que venho e estou encantada com tudo, mas, na hora em que tomamos passe, quando chegamos, você não estava aqui.

— Realmente, hoje atrasei um pouco, precisei ajudar Flávio, pois Sandra não passou bem e fiquei com eles.

— O que aconteceu? – perguntou Vera.

— Nós a levamos ao hospital durante a tarde e os médicos fizeram alguns exames, ela está com diabetes gestacional, mas está medicada e já começou o controle da doença.

— Isso pode prejudicar a criança?

— Se não houver controle, sim, mas graças ao Pai ela foi atendida logo e, além do mais, os dois trabalham na área da saúde – respondeu Caio.

— Ela já era diabética? – perguntou Cristina.

— Não, mas a família dela tem histórico de diabetes e eles estavam atentos a esse fato – elucidou o rapaz.

— Que bom! Precisamos ir embora, amanhã o Basílio tem que acordar bem cedo, e ele está com nossos filhos – falou Cristina apontando para Vera.

— Foi bom encontrá-las por aqui. Isso fará bastante bem a Vera. Terá condições de entender melhor tudo o que acontece em sua vida.

— Já estou sentindo melhoras de ânimo por tudo o que aprendi hoje. Acredito que ficarei mais forte, até mesmo mais feliz, mesmo em meio a esse caos todo – disse Vera sorrindo com confiança.

Caio olhou para ela encantando e depois se despediu das duas mulheres. Vera ficou a observá-lo enquanto se afastava.

— Vera, o que está acontecendo entre você e Caio? – perguntou Cristina.

— Nada, somos apenas amigos, e ele tem me ajudado bastante. Quando passei mal por estar sem me alimentar, ele foi impecável.

— Ele a olha como se estivesse encantado, e você não está diferente. Parece a mim que estão desenvolvendo uma atração.

— Ah, Cristina! Ele é tão educado, solícito e sereno, seria um companheiro ideal, mas não para mim, estou presa a Otávio. Mesmo debilitado, internado naquele hospital há mais de dois meses, eu ainda o temo, e, quando ele sair, sei que terei de enfrentar uma barra pesada. Temo por meu filho.

— Eu sei, minha amiga. Cuide de seus sentimentos, você está frágil e se apaixonar por um homem como o Caio é fácil; a sua carência afetiva acaba por se manifestar.

— Sei que tem razão, mas estou bastante lúcida e nunca serei capaz de trair o juramento que fiz diante de Deus. Cuidarei de Otávio, tentarei ajudá-lo a entender a sua necessidade de tratamento médico e psiquiátrico, como também me tornarei forte o suficiente para trazê-lo a essa casa de bênçãos. Hoje, estou feliz e acreditando muito na minha capacidade de entender e de me fazer entender.

Cristina a abraçou emocionada e disse, com lágrimas nos olhos:

— Você é uma criatura linda, especial e merece ser feliz. Acredite que tudo tem sua hora, e essa hora sempre chega para aqueles que são mansos e pacíficos.

Vera retribuiu o abraço da amiga e falou, disfarçando a emoção que a dominava:

— Vamos, gostei muito de vir aqui com você, e precisamos respeitar as necessidades de descanso de Basílio.

Chegando à casa da amiga, Vera e Hugo foram convidados a fazer *O Evangelho Segundo o Espiritismo* com a família amiga. Após o momento de oração, todos beberam da água fluida.

Ester e Hugo adormeceram no sofá da sala de mãos dadas. Cristina os observou com carinho e falou emocionada:

— Devemos auxiliá-los a preservar essa amizade bonita que os une; eles realmente são espíritos afins.

— O que isso quer dizer? – perguntou Vera.

— Espíritos que já entendem o verdadeiro sentido da palavra amizade e o praticam entre si. A doutrina espírita nos ensina sobre a bênção de nossas famílias espirituais – respondeu Basílio.

Cristina pegou o Evangelho, procurou um texto específico e o leu para Vera:

Parentesco Corporal e Espiritual

8 – Os laços de sangue não estabelecem necessariamente os laços espirituais. O corpo procede do corpo, mas o Espírito não procede do Espírito, porque este existia antes da formação do corpo. O pai não gera o Espírito do filho: fornece-lhe apenas o envoltório corporal. Mas deve ajudar seu desenvolvimento intelectual e moral, para o fazer progredir. Os Espíritos que se encarnam numa mesma família, sobretudo como parentes próximos, são os mais frequentemente Espíritos simpáticos, ligados por relações anteriores, que se traduzem pela afeição durante a vida terrena. Mas pode ainda acontecer que esses Espíritos sejam completamente estranhos uns para os outros, separados por antipatias igualmente anteriores, que se traduzem também por seu antagonismo na Terra, a fim de lhes servir de prova. Os verdadeiros laços de família não são, portanto, os da consanguinidade, mas os da simpatia e da comunhão de pensamentos, que unem os Espíritos, *antes, durante e após* a encarnação. Donde se segue que dois seres nascidos de pais diferentes podem ser mais irmãos pelo Espírito do que se o fossem pelo sangue. Podem, pois, atrair-se, procurar-se, tornarem-se amigos, enquanto dois irmãos consanguíneos podem repelir-se,

Sempre há vida • **71**

como vemos todos os dias. Problema moral, que só o Espiritismo podia resolver, pela pluralidade das existências (ver capítulo IV, n. 13).

Há, portanto, duas espécies de famílias: *as famílias por laços espirituais e as famílias por laços corporais.* As primeiras, duradouras, fortificam-se pela purificação e se perpetuam no mundo dos Espíritos através das diversas migrações da alma. As segundas, frágeis como a própria matéria, extinguem-se com o tempo, e quase sempre se dissolvem moralmente desde a vida atual. Foi o que Jesus quis fazer compreender, dizendo aos discípulos: "Eis minha mãe e meus irmãos", ou seja, a minha família pelos laços espirituais, pois "quem quer que faça a vontade de meu Pai, que está nos céus, é meu irmão, minha irmã e minha mãe". A hostilidade de seus irmãos está claramente expressa no relato de São Marcos, desde que, segundo este, eles se propunham a apoderar-se dele, sob o pretexto de que perdera o juízo. Avisado de que haviam chegado, e conhecendo o sentimento deles a seu respeito, era natural que dissesse, referindo-se aos discípulos, em sentido espiritual: "Eis os meus verdadeiros irmãos". Sua mãe os acompanhava, e Jesus generalizou o ensino, o que absolutamente não implica que ele pretendesse que sua mãe segundo o sangue nada lhe fosse segundo o Espírito, só merecendo a sua indiferença. Sua conduta, em outras circunstâncias, provou suficientemente o contrário.

Vera ficou emocionada e agradeceu aos amigos pelo carinho especial. Basílio pegou Hugo no colo e o levou até sua casa.

Vera deitou-se em sua cama e adormeceu imediatamente. Havia muito tempo que não conseguia manter a mente sob controle, e naquele momento ela se sentia fortalecida e até mesmo feliz.

9
Notícias de Otávio

Vera acabara de entrar em casa quando o telefone tocou. Era um funcionário do hospital onde Otávio se encontrava internado.

— Bom dia, preciso falar com Vera Assunção de Castro.

— Bom dia, sou eu, Vera.

— Dona Vera, sou médico, meu nome é Orlando, sou da equipe médica que acompanha seu marido.

— O que houve, doutor, ele está bem?

— Está estável, recebemos a notícia de que há um coração disponível e que atende às necessidades de compatibilidade com seu marido. A cirurgia deve acontecer em algumas horas e precisamos de sua presença o mais rápido possível.

— Estou a caminho, dentro de no máximo uma hora, está bem?

— Está ótimo. Obrigado.

Vera desligou o telefone, sentou-se na cadeira e pensou, aflita: "Preciso de ajuda com Hugo, vou recorrer a Cristina". Bateu à porta da casa da amiga mas não tinha ninguém. "E agora? Com quem posso contar? Será que fica esquisito pedir ao Caio que pegue Hugo na escola e fique com ele até eu poder voltar? Meu Deus, como é difícil ser sozinha!"

Voltou para dentro de casa e procurou o cartão que o moço havia dado a ela. Tomou o telefone nas mãos e, com o rosto afogueado, chamou o número do celular de Caio, o qual prontamente atendeu a ligação.

— Vera, está tudo bem com você?

— Está, sim, o hospital acabou de informar que conseguiram um coração para fazer o transplante de Otávio, e eu preciso de um favor. Desculpe ligar para você, mas não consigo encontrar Cristina.

— Não se preocupe com isso, eu tomo conta de Hugo, vou buscá-lo na escola e fico com ele aqui mesmo na academia; se precisar, ele dorme na minha casa.

— Obrigada por sua atenção e carinho, mas não quero abusar, vou continuar a procurar Cristina, e assim que a encontrar ela vai buscar o Hugo, pois você está trabalhando e ele pode atrapalhar.

— Já disse que não se preocupe, eu cuido de Hugo, ele é um excelente garoto, e eu explico a ele o que está acontecendo. Fique em paz, vá resolver os problemas urgentes.

Vera agradeceu mais uma vez e pensou: "Como ele é especial, eu nem mesmo disse de qual favor precisava e ele deduziu. Sinto que posso confiar nele, cuidará bem de meu filho".

Vera ligou para a escola de seu filho e autorizou a diretoria a entregar o menino para Caio, e então foi para o hospital.

Na hora marcada para a saída do menino, Caio já estava à espera na portaria. Hugo veio caminhando vagarosamente, silencioso e sozinho. Caio observou que as outras crianças saíam em grupos, falantes e rindo muito, e, preocupado, pensou: "O que tanto incomoda esse menino, por que essa solidão, essa tristeza no olhar?". Então, prestou atenção na figura que se aproximava e comparou com as outras crianças de sua idade, percebendo que ele era diferente; a maneira de andar, de falar, os gestos e a voz o faziam um estranho entre os semelhantes. Indignado, ouviu um garoto maior o ofender, e Hugo apenas abaixou a cabeça com muita tristeza. Na saída, ele viu Caio, sorriu e se aproximou:

— Minha professora Anita disse que você viria me buscar.

— Sua mãe estava muito preocupada de não poder estar aqui na hora da saída, não conseguiu falar com Cristina, e então me ligou.

— É alguma coisa com meu pai? Ele morreu?

— Não, não, seu pai está bem. Inclusive, temos boas notícias, parece que surgiu um coração compatível e ele

76 • Eliane Macarini / Espírito Maurício

fará o transplante ainda hoje. Precisamos orar para que corra tudo bem.

Hugo fez um sinal afirmativo com a cabeça. Chegaram ao carro e Caio acomodou o menino no banco traseiro e o ajudou com o cinto de segurança. Após alguns minutos, Hugo perguntou:

— Posso falar uma coisa?

— Pode, sim, amiguinho. Vamos almoçar num restaurante perto da academia. Você está com fome?

— Um pouco, mas não é isso que eu quero perguntar.

— Desculpe por ter te interrompido. Fale o que o preocupa.

— Meu pai me preocupa. Se ele ficar bom, deve voltar para casa, não é?

— Sim, essa é a solução mais simples.

— Eu sei, ele é meu pai, mas eu não gosto dele, não confio nele. E agora que está doente está melhor lá em casa. Ele não chega brigando e xingando a mim e a minha mãe. Ele me ofende muito, fica dizendo que eu sou um mariquinha. Eu nem sabia o que era isso, e não entendo direito até hoje, mas outro dia, com muita raiva, ele fez questão de me explicar. Minha mãe tentou impedir, mas ele bateu nela. Com ele no hospital, ela não tem chorado mais, está mais alegre, parece que está mais feliz. Eu não quero sentir isso, mas sinto, é errado?

— Não, Hugo, não é errado quando reagimos emocionalmente às coisas que nos fazem sofrer, mas hoje ele é um homem muito doente do corpo material e da mente, então, ele precisa de ajuda e orações para ficar melhor. Não importa os sentimentos serem ruins, o que importa é o que faremos com essas emoções. Apenas procure pensar nele como alguém muito infeliz, que não consegue enxergar luz nos olhos de seus amores.

— Vou tentar, mas eu tenho medo dele, sempre sonho coisas ruins com ele. Outro dia acordei apavorado, pois eu o via enforcando minha mãe.

— Esqueça isso, você é uma criança linda e amorosa, um dia vai entender tudo, e após compreender o medo e a raiva irão embora. Enquanto isso, confie em Deus, ele sempre nos auxilia a encontrar o caminho certo e a resolver os problemas. Você acredita em Deus, não é?

— Minha mãe fala dele como o melhor pai do mundo.

— E é assim mesmo, e esses momentos de sofrimento são apenas oportunidades de conduzirmos nossos pensamentos de forma mais clara.

— Sabe, tudo o que você fala parece muito fácil de fazer. Sei que sou uma criança, mas não sou como as outras crianças, eu sou diferente.

— Diferente como, Hugo?

— Eu vejo as coisas de maneira diferente. Muitas coisas que têm importância para as outras crianças para mim não têm nenhum valor. Minha aparência é diferente, eu não vou ter uma vida como os outros. E eu sei que um dia vou precisar aceitar as brincadeiras sem graça de uma maneira mais tranquila, mas hoje ainda não dá.

— Quais são essas brincadeiras, Hugo?

— Você sabe, os meninos me chamam de vários nomes feios, querendo me ridicularizar. Minha mãe fala para não dar importância a isso, que posso mostrar a todos que sou uma pessoa boa e digna, e que ser como todo mundo não é o importante, mas tem dia em que é muito difícil. Hoje, na hora do recreio, eles fizeram uma roda em volta de mim, xingando, e eu apenas abaixei a cabeça. Aí começaram a me chamar de covarde também. Eles não entendem que eu não gosto de briga.

Caio chegou a seu destino, saltou do carro, abriu a porta para Hugo sair, abraçou-o com carinho e disse, com lágrimas nos olhos:

— Seja o que for que o futuro te reserva, a cada minuto você pode decidir isso. Jesus nos disse que o mundo será dos mansos e pacíficos, e que nosso fardo nunca será maior do que podemos carregar, então, precisamos acreditar em nós mesmos, e tenho certeza de que você será muito feliz, porque é uma criatura incrível, menino, entendeu? Nunca permita que ninguém o convença do contrário.

Hugo retribuiu o abraço e falou:

— Um dia eu vou ser muito feliz, não vou?

— Vai, sim, todos nós temos direito à felicidade.

— Eu quero muito ver a minha mãe sorrir o tempo todo, como anda acontecendo, e tenho medo que meu pai volte e aquelas coisas ruins aconteçam de novo.

— A cada momento a sua própria dor, está bem? Não adianta ficar imaginando e pensando como será o futuro. Devemos, sim, lutar para que seja equilibrado e feliz, e as escolhas que fazemos hoje vão nos mostrar se acertamos, se precisamos reescrever esse pedacinho etc. Viva o dia de hoje o melhor que você puder, cuidando de suas atitudes e pensamentos. Isso é o que mais importa, pois faz de nós seres mais educados emocionalmente e, portanto, mais aptos a fazer escolhas saudáveis. Agora vamos almoçar, e depois você ficará comigo na academia, está bem?

— Está, sim – Hugo disse com um sorriso nos lábios, segurando com firmeza a mão de Caio.

Vera assinou os papéis necessários à internação e à cirurgia de Otávio. Aguardava em uma saleta a passagem do marido para entrar na sala cirúrgica. Dois enfermeiros adentraram o aposento empurrando uma maca, e Otávio, já com leve sedação, olhou para ela e, com ódio, disse:

— Vou sair dessa só para te pegar de jeito. Se eu morrer, vou fazer vocês sofrerem o inferno na Terra.

Vera, assustada com o ódio demonstrado pelo homem, deu um passo atrás, e o enfermeiro, compadecido, falou, amoroso:

— Não se preocupe, é efeito da sedação.

— Não é, não, malandro, você também é amante dela? – Otávio fez menção de se levantar e atacar o rapaz, mas caiu adormecido na maca.

Otávio foi levado para a sala de cirurgia e Vera ficou ali, com lágrimas escorrendo pelo rosto abatido. Em conflito, orava, ora pedindo a Deus que protegesse o marido durante a intervenção, ora, confusa, imaginando a volta dele para casa e todo o mal que poderia fazer a ela e ao filho.

— Senhor, meu Deus, não sei mais nem como orar, não sei se quero que esse homem doente e maldoso fique bom e volte para casa. Sinto medo de meus pensamentos. Às vezes penso que vou enlouquecer, porque meus desejos são totalmente contrários aos conceitos cristãos que aprendi. Não vou rezar, orar, ou mesmo pedir algo, porque não sei como fazer isso, não quero mais viver como antes, mas não tenho forças para lutar contra Otávio. Estou aqui como hipócrita, apenas cumprindo uma obrigação, nada mais do que isso. Por favor, Deus, me ajude!

Compadecidos da moça, nos aproximamos de seu campo vibratório e a energizamos. Ela suspirou, fechou os olhos e adormeceu recostada na poltrona.

Parcialmente desdobrada, percebeu que havia algo de diferente em seu sono. Abriu os olhos e nos encontrou à sua frente – eu e o amigo Inácio, que iniciou edificante conversa com Vera:

— Onde estou?

— Você sabe onde está, não é, minha amiga?

— Cristina me falou sobre esse estado, quando adormecemos e conseguimos perceber que estamos no mundo dos espíritos.

— Uma coisa natural a todo ser encarnado, aliás, nosso estado natural é o de espírito.

— Eu pedi ajuda.

— Pediu e obterá. Estamos aqui, podemos conversar e esclarecer algumas dúvidas que possa ter.

— Estou bastante descontente comigo mesma. Otávio passa por um procedimento cirúrgico grave, e eu não consigo orar por ele.

— Por que isso acontece?

— Otávio tem sido muito maldoso conosco. Tem bebido muito e, quando isso acontece, acaba sendo violento comigo e com meu filho. Anda nos ameaçando com violência física e moral, mas o que mais temo é sua reação quando ele tiver certeza de que Hugo não é um menino como os outros. Ele é especial, tem um jeito especial de se portar e de pensar. Não sei qual será o futuro dele, mas não me importo se na vida adulta ele fizer escolhas diferentes.

— O que você quer dizer com diferente e especial?

— Acredito que meu filho seja homossexual, mas eu não me importo, sei que ele é uma criatura boa, que não abriga maldade em seu coração, então, a sua escolha quanto à sexualidade faz parte de seu momento de aprendizado, mas Otávio não vai entender.

— Você está sofrendo com antecedência, não está? Vamos nos ater ao dia de hoje, ao problema de saúde de seu marido. Aos sentimentos em relação a tudo que anda vivendo. Aqui, agora, diante de tudo isso, é o que você dá conta de racionalizar, porém, uma coisa está muito bem: você acabou de criticar a sua suposta incapacidade de desejar o bem a ele, e isso quer dizer que já sabe o que deve fazer. Siga o conselho de nosso Mestre Jesus, faça o melhor que seus sentimentos mais nobres permitirem. Quanto a Hugo, ele saberá qual é o caminho dele. Como você disse, ele é um espírito bom, e esse é o nosso estado natural. Nesta encarnação ele viverá aquilo que puder entender, mas sempre há aprendizagem, não se esqueça disso. Agora, neste momento, acalme sua mente, e aproveite da melhor forma essa oportunidade de estar entre amigos do bem-querer, e façamos uma leitura edificante.

7 – Portanto, se estás fazendo a tua oferta diante do altar, e te lembrar aí que teu irmão tem alguma coisa contra ti, deixa ali a tua oferta diante do altar, e vai te reconciliar primeiro com teu irmão, e depois virás fazer a tua oferta (Mateus, V: 23 e 24).

Quando Jesus disse: "Vai te reconciliar primeiro com teu irmão, e depois virás fazer a tua oferta", ensinou que o sacrifício mais agradável ao Senhor é o dos próprios ressentimentos: que antes de pedir perdão ao Senhor, é preciso que se perdoe aos outros, e que, se algum mal se tiver feito contra um irmão, é necessário tê-lo reparado. Somente assim a oferenda será agradável, porque é proveniente de um coração puro de qualquer mau pensamento. Ele materializa esse preceito, porque os judeus ofereciam sacrifícios materiais e era necessário conformar as suas palavras aos costumes do povo. O cristão não oferece prendas materiais, pois que espiritualizou o sacrifício, mas o preceito não tem menos força para ele. Oferecendo sua alma a Deus, deve apresentá-la purificada. Ao entrar no templo do

Senhor, deve deixar lá fora todo sentimento de ódio e de animosidade, todo mau pensamento contra seu irmão. Só então sua prece será levada pelos anjos aos pés do Eterno. Eis o que ensina Jesus por essas palavras: "Deixai ali a tua oferta diante do altar, e vai te reconciliar primeiro com teu irmão, se queres ser agradável a Deus" (*O Evangelho Segundo o Espiritismo,* capítulo X, O Sacrifício mais Agradável a Deus).

10
O TRANSPLANTE

Vera abriu os olhos e encontrou à sua frente uma senhora bastante simpática, que sorriu amigavelmente para ela.

— A senhora é dona Vera, esposa do senhor Otávio?

— Sim, ele está bem?

— Meu nome é Noêmia, sou psicóloga. Seu marido está estável, já se encontra no centro cirúrgico com a equipe de cirurgiões a postos. Assim que o órgão chegar ao hospital, os procedimentos serão iniciados.

— Mas o coração ainda não chegou? Então, a cirurgia pode não acontecer?

— Salvo alguns obstáculos com os quais não contamos no momento, o transplante será iniciado no máximo dentro de uma hora.

— Pensei que o coração já estivesse aqui quando me ligaram.

— Algum médico da equipe veio conversar com você?

— Veio, sim, mas eu estava tão tensa que acredito que não entendi muito do que ele falou.

— Vou resumir os procedimentos da equipe de cirurgiões que trabalham com o transplante de órgãos. Qualquer dúvida, por favor, me interrompa e questione, está bem?

— Está bem, obrigada.

— Assim que surge um doador com morte cerebral positivada, os médicos da equipe que o atenderam verificam a possibilidade de essa pessoa ser uma doadora. Assim que confirmamos isso, passa a ser feita uma avaliação dos órgãos saudáveis, entre eles o coração. O passo seguinte é a retirada dos órgãos, que são mergulhados numa solução salina gelada, recobertos por sacos plásticos e acondicionados em recipiente com gelo. A Central de Transplante é informada da doação desses órgãos.

Noêmia fez uma ligeira pausa, observou Vera e percebeu que estava prestando atenção nas informações e, aparentemente, compreendendo a explicação. Então, ela continuou:

— A Central de Transplante é que controla as listas dos indicados aos transplantes. Os pacientes com maior risco de morte se encontram sempre no topo da lista. A partir desse momento, os dados do órgão que são obtidos através de exames laboratoriais já estão prontos para serem cruzados com os dados dos pacientes da lista. Se o paciente número um não tiver compatibilidade com o órgão doado, a pesquisa é feita com o número dois, e assim por diante, até chegar àquele para o qual é ideal ou próximo a isso.

— Meu marido era o número cinco na lista nacional para transplante de coração.

— Isso quer dizer que os anteriores não eram compatíveis com o órgão, não tinham condições para sofrer esse procedimento no momento ou mesmo podem até ter ido a óbito e o nome ainda não ter sido descartado.

— Nossa! Que coisa triste!

— A próxima etapa, após identificar o paciente: se ele não está internado, tentamos localizá-lo pelo telefone, se já está internado onde será feita a cirurgia, começamos os preparativos para o procedimento. A equipe médica tem pouco tempo entre a retirada do órgão doado e o transplante, pois o tempo ideal para esse procedimento ter início é de no máximo quatro horas. Cumprida essa etapa, o peito do paciente é aberto, e o sangue é desviado do coração doente para uma máquina localizada ao lado da mesa de cirurgia, através de duas cânulas, que são dois pequenos tubos fixados nas veias cavas.

— Essa máquina vai fazer o papel do coração enquanto os médicos fazem o transplante?

— Isso mesmo, dona Vera. É uma máquina de circulação extracorpórea que, instalada, passará a funcionar como coração e pulmões artificiais, filtrando e retirando o dióxido de carbono do sangue e oxigenando o organismo todo. Ligada ao coração e à máquina existe uma bomba que vai devolver ao paciente o sangue através de

Sempre há vida • **87**

outra cânula, ligada à aorta, que o distribuirá ao corpo. Após esse procedimento, o coração doente é retirado, e os médicos então decidem qual porção desse órgão será mantido. Nesse momento é que o novo coração é colocado no peito do paciente e ligado às partes que permaneceram. As suturas para selar a nova estrutura coronária são feitas e a circulação sanguínea é restabelecida. Alguns testes são realizados para excluir possibilidades de vazamento e, estando tudo bem, termina-se o transplante e o peito do paciente é fechado.

— Quanto tempo demora essa cirurgia?

— Desde o momento em que o paciente entra na sala para ser preparado até as suturas externas, de seis a oito horas, mas não há uma regra para isso, tudo vai depender da reação orgânica do transplantado.

— O tempo de recuperação é longo?

— Aproximadamente quinze dias de internação. Depois liberamos o paciente para voltar para casa, momento em que continuará em repouso.

— Quinze dias? – perguntou Vera demonstrando certo desconforto.

— Também depende de como será a reação do paciente, se ele não desenvolver nada em paralelo, como uma infecção, uma rejeição etc. Isso a preocupa muito, não é?

— Bastante, pois ele continua bastante desequilibrado.

— Com o resultado positivo do transplante ele poderá ser medicado de maneira mais adequada, e acredito que ficará mais lúcido.

— Deus a ouça, porque eu não sei como reagir, ou mesmo o que fazer. Ele está muito violento, e temo por meu filho.

— Caso ele continue em crise, nós optaremos por uma internação para que receba os medicamentos de forma adequada. Não se preocupe com antecedência, vamos avaliar os acontecimentos dia a dia, está bem?

— Está bem, vou tentar não pensar muito nisso. Preciso ligar para um amigo, ele está com Hugo desde a saída da escola.

— Se você quiser ficar um pouco com seu filho, vá. A cirurgia deve estar iniciando agora; há um tempo bom de espera e aqui você não pode fazer mais do que orar por ele. Ore junto com seu filho, depois você volta.

— Sinto-me mal em sair daqui, é como se o estivesse abandonando.

— Mas não está. Use sua racionalidade, e não suas emoções focadas na culpa. Além do mais, o único responsável por estar vivendo essa história é o próprio Otávio.

Vera acenou com a cabeça. A psicóloga levantou-se da poltrona e a abraçou, dizendo com carinho:

— Vá ver seu filho, isso nos fortalece para o dia de amanhã, não é? Afinal, eles são nossa alegria e força.

Vera aceitou a sugestão e foi ao encontro de Hugo. Chegou à academia no mesmo momento que Cristina. A amiga a abraçou apertado e falou, sentida:

— Desculpe não estar com você desde o início. Saí cedo de casa, levei Ester para a escola, meu celular estava sem bateria, e o deixei em casa. Assim que peguei seu recado, vim em busca de Hugo. E como estão as coisas?

— Otávio está na sala de cirurgia há mais ou menos uma hora e meia. A operação deve demorar de seis a oito horas, se correr tudo bem. Doutora Noêmia, uma psicóloga simpática, me aconselhou a ficar um pouco com Hugo, e eu vim para cá.

— Vamos, ele deve estar no escritório da administração.

As duas amigas foram procurar por Hugo e encontraram Débora no caminho, que as informou que o menino estava com Caio na sala de ginástica olímpica.

Vera, com receio de incomodar, apenas olhou através do vidro da porta e, admirada, viu seu filho participar dos treinos com desenvoltura; seus gestos eram elegantes e firmes e, em dado momento, ele auxiliou uma menina em um movimento mais difícil, como se aquilo fosse familiar a ele, e não a primeira vez que fazia. A moça, feliz com a aparência de alegria de seu filho, sorriu. Seu rosto delicado pareceu brilhar na escuridão, e ela pensou: "A vida não é tão difícil e triste como eu estava pensando e sentindo, eu apenas não conseguia enxergar além daquele pedacinho estreito".

Naquele momento, Hugo viu o rosto de sua mãe observando-o da porta, e então acenou e sorriu. Caio acompanhou o olhar de Hugo e, encantado com a presença da moça, sentiu seu coração pulsando com mais velocidade, e estremeceu diante do quadro de horror que veio à sua mente. Desviou o olhar e, com os olhos marejados de lágrimas, orou como nunca havia feito em sua vida.

"Oh! Meu Deus, piedade para os inocentes do momento. Compreensão para aqueles que ainda se mantêm presos a um passado de dor e delitos. Que a sua bondade permita que o aprendizado seja feito, que as oportunidades de reconstruir, acolher e modificar sejam o bálsamo que vai direcionar as mentes envolvidas nessa trama. Que esse irmão amigo entenda a necessidade do perdão, que nos possibilita evoluir em sua seara bendita de amor. Proteja aqueles que, enfraquecidos pela dor e pelo medo, se mostram inseguros diante do futuro, mas acima de tudo nos auxilie a perdoar para termos o merecimento do perdão."

Um infeliz irmão envolto em trevas se precipitou sobre o moço com fúria, gritando enraivecido o seu ódio e a sua dor.

— Não pense em me afrontar com suas preces falsas, eu sei quem são vocês. Eu não estou em estado de esquecimento, envolto pelo maldito véu da carne. Estou lúcido e lembro cada segundo dessa maldita vida de traição e torpezas. Eu os odeio, e vou usar, sim, o bastardo sujo para trazer a meretriz infeliz para meus braços, e eu mesmo vou matá-la mil vezes. E aquela que se esconde num corpo masculino será o meu prêmio para toda a eternidade. Não pensem que a estratégia de escondê-la de mim foi inteligente, pois não foi, esse fato usarei para desequilibrar, para torná-la infeliz e escorraçada por quem mais ama e deseja agradar. Ela virá a mim muito cedo, prevejo a adolescência no mais profundo abismo de escuridão, e ela verá o suicídio como única opção. Eu fui mãe, agora serei carrasco.

Caio ouvia e sentia a fúria do infeliz e, com esforço supremo, manteve a mente em equilíbrio e pensou com carinho: "Não sofra mais assim, meu irmão. Eu peço perdão por meus atos passados e ofereço a você o amor que sou capaz de alimentar, hoje, em meu coração. Perdoe-me, por favor!".

A entidade olhou para ele e, admirada, percebeu uma doce energia emanando de todo o corpo de Caio, e então sentiu-se envolvida e acalentada por alguns poucos instantes. A máscara que a escondia de si foi se dissolvendo, e a figura esquálida de uma mulher foi se formando. Saiu em disparada pela rua, correndo, enlouquecida pela dor que a consumia.

O rapaz sentiu certo alívio com o afastamento da entidade e, enternecido, orou com carinho e lembrou-se de uma passagem de *O Evangelho Segundo o Espiritismo*, capítulo XII, O ódio, texto de Fénelon:

10 – Amai-vos uns aos outros, e sereis felizes. Tratai sobretudo de amar aos que vos provocam indiferença, ódio e desprezo. O Cristo, que deveis tomar o vosso modelo, deu-vos o exemplo dessa abnegação: missionário do amor, amou até dar o sangue e a própria vida. O sacrifício de amar os que vos ultrajam e perseguem é penoso, mas é isso, precisamente, o que vos torna superiores a eles. Se vós os odiásseis como eles vos odeiam, não valereis

mais do que eles. É essa a hóstia de agradável fragrância, cujos perfumes sobem até Ele.

Mas embora a lei do amor nos mande amar indistintamente a todos os nossos irmãos, não endurece o coração para os maus procedimentos. É essa, pelo contrário, a prova mais penosa. Eu o sei, pois durante minha última existência terrena experimentei essa tortura. Mas Deus existe, e pune, nesta e na outra vida, os que não cumprem a lei do amor. Não vos esqueçais, meus queridos filhos, de que o amor nos aproxima de Deus, e o ódio nos afasta d'Ele.

11
A SAÚDE DE VERA

No início da noite, Vera deixou Hugo aos cuidados de Cristina e retornou ao hospital. A cirurgia corria bem. Houve alguns atrasos, mas os prazos estavam sendo cumpridos.

A moça aguardava notícias na sala de espera quando Caio foi encontrá-la. Ele estava bastante preocupado com a amiga e, percebendo a palidez e o tremor das mãos dela, desconfiou de que não havia comido nada durante o dia, então, como havia passado em um mercado próximo à academia e comprado algumas barras de cereais e sucos, ofereceu-os a ela. Ela, enternecida pelo gesto de gentileza, agradeceu e com algum esforço se alimentou.

— Vera, você sente normalmente essa dificuldade para comer ou até mesmo acaba se esquecendo de se alimentar? – perguntou Caio.

— De uns anos para cá, sim. Tem dia que nem ao menos sinto fome. Acredito que vivo num estado de tensão permanente, o que acaba por tirar o prazer até de comer. Antes eu era louca por chocolates, precisava tomar cuidado com o consumo dessa guloseima, pois acabava engordando com o exagero, mas hoje nem mesmo sinto vontade de comer.

— Você já foi a um médico procurar informações sobre o assunto?

— Fui, sim, há uns três anos, pois estava com dificuldades até mesmo de engolir. Conversei muito com ele, e ele me falou sobre a anorexia, a gravidade de permitirmos que essa doença tome conta de nossa mente etc., mas quando Otávio descobriu que era um homem que me atendia, ficou furioso e me proibiu de voltar. Argumentei com ele de todas as formas possíveis, então procurei no convênio médico uma mulher, para atender à exigência dele, mas mesmo assim ele... – Vera, emocionada, interrompeu seu relato.

— Está bem, não precisa recordar esses momentos, amanhã mesmo vou falar com uma amiga que tem uma clínica médica voltada para transtornos alimentares para marcar um horário para você ser atendida.

— Preciso ver se ela faz parte do meu convênio, pois no momento não tenho condições de pagar uma consulta, Caio – Vera explicou demonstrando certo constrangimento.

— Não se preocupe com isso. Nós trocamos favores, pois a filha dela faz esportes na academia e não cobramos nada. Assim, quando precisamos, ela também não nos cobra nada.

— Mas é para vocês.

— Vera, não se preocupe com isso no momento. Quando eu precisar de um favor, você vai retribuir, está bem?

Vera agradeceu ao rapaz, e naquele momento um médico saiu do centro cirúrgico com notícias de Otávio.

— Dona Vera?

— Sou eu, doutor.

— Seu marido está estável, ainda no centro cirúrgico. Os médicos estão terminando de fechar o peito do paciente; mais uma hora aproximadamente e ele deve ser levado para a sala de recuperação. Quando voltar da anestesia será avaliado pelo médico de plantão e, se estiver tudo bem, irá para a UTI, onde deve ficar por uns três dias até receber alta e ir para o quarto. No caso do senhor Otávio, as visitas na UTI estão suspensas pelo desequilíbrio mental que ele tem apresentado, e queremos evitar qualquer transtorno inicial para não prejudicar a cirurgia. A senhora tem alguma dúvida?

— Não, doutor, obrigada.

O médico virou as costas e já saía do ambiente, quando, consternado, voltou e, com carinho, tomou as mãos de Vera entre as suas e falou:

— Não fique triste ou se culpando por qualquer coisa. O diagnóstico psiquiátrico de seu marido explica o comportamento dele, mas não o exime de sua responsabilidade sobre os maus-tratos que a senhora sofreu durante esse período todo. Se quiser notícias de seu marido, aqui está o número de meu telefone celular. Ele será tratado conforme os problemas forem surgindo e se for necessário, então fique em paz, siga sua vida, está bem?

Lágrimas escorriam pelo rosto abatido da moça, que, emocionada, apenas fez um gesto afirmativo com a cabeça. O médico se foi e Caio, comovido pelo sofrimento dela, abraçou-a com carinho, falando baixinho em seu ouvido:

— Está tudo bem e vai acabar dando certo. Você verá.

Abraçada a Caio, Vera chorou durante um longo tempo, extravasando sua dor, suas inseguranças, a aflição de não saber como deveria agir no futuro; chorou por Hugo, pelos maus-tratos de que fora vítima até o momento, e ansiosa pensou no futuro, pois sabia que a maneira de gesticular e falar de seu filho não sofreria modificações, mas seria acentuada conforme o garoto crescesse.

Uma entidade de baixo padrão vibratório se aproximava mais e mais de seu campo fluídico, falava baixinho, de maneira sedutora, alimentando o desequilíbrio que ameaçava o emocional de Vera.

Caio sentiu o corpo de Vera estremecer de forma intensa e, fixando o pensamento nos bons companheiros espirituais da Casa Espírita em que trabalhava, pediu auxílio e passou a mentalizar uma linda prece intercessora: "Pai de amor e perdão, proteja Vera e Hugo desse tormento mental, ao qual se vinculam através da ação do mal. Compadeça-se desses irmãos amados, mas ainda tão infelizes em suas escolhas.

Compadeça-se de Otávio, que passa por uma cirurgia grave e por momentos em que permite a presença de espíritos menos felizes ao seu lado. Que sua luz bendita se estenda sobre cada um de nós, beneficiando a vida e a paz".

Vera foi se acalmando e, mais equilibrada, conseguiu calar a mente e aproveitar de maneira benéfica aquele momento de serenidade e perdão. Olhou para o rosto de Caio e percebeu que estava elevado a sentimentos mais nobres, seus olhos brilhavam com alegria, e então pensou: "Deus, desculpe-me pelos sentimentos que dedico a esse homem maravilhoso. Sei que não deveria ser assim. Sou casada e tenho um filho de Otávio. Sinto-me enojada de mim mesma, estou traindo àquele a quem prometi fidelidade. O que faço, Deus? O que faço com esse sentimento forte e puro?".

Caio abaixou a cabeça e, olhando nos olhos de Vera, sentiu que a moça vivia intenso conflito emocional. Naquele momento soube que também era amado por ela. Delicado, acariciou o rosto sofrido e pálido e falou em um fio de voz:

— Apenas acredite na providência divina, Deus não nos presentearia com esse encontro se não houvesse um motivo saudável. Apenas creia e espere, pois no futuro viveremos momentos surpreendentes. Acredite!

— Não sei por quê, mas eu creio, só não quero ser uma leviana nos relacionamentos pessoais, quero ensinar meu filho a fazer escolhas corretas e, para isso, sei que preciso viver com dignidade.

98 • Eliane Macarini / Espírito Maurício

— Eu sei disso, e penso da mesma forma. Apenas creia!

Vera afastou-se de Caio e, com carinho, olhou para o moço dizendo, emocionada:

— Hoje eu sou mais forte por você estar aqui. Hoje sinto que posso enfrentar meus problemas e resolvê--los, porque sei que não estou mais sozinha.

— Não, não está mais sozinha, nem você nem Hugo. Sinto que os conheço desde sempre e os quero muito bem.

Vera se aproximou de Caio, acariciou seu rosto e falou:

— Um dia, um dia tudo dará certo, não é mesmo? Agora preciso ir para casa e cuidar de Hugo, tenho negligenciado meu filho por conta dos problemas de saúde de Otávio. Não posso ficar com ele nem mesmo visitá-lo, então, vou cuidar do meu menino.

— Eu a levo para casa.

— Não precisa, Caio. Quero ficar um pouco sozinha, e o trajeto até minha casa será o tempo que preciso para avaliar tudo o que aconteceu hoje.

— Mas já é tarde, e é perigoso andar sozinha. Eu a levo em casa e prometo não falar nada durante o caminho, assim você fica segura e pode pensar em paz. Não aceito outra alternativa.

— Está bem.

Logo Vera estava em sua casa. Ela ajudou Hugo no banho e o colocou na cama, cobrindo-o com carinho e beijando-o na testa.

— Boa noite, meu filho.

— Boa noite, mamãe. Você já sabe quando meu pai voltará para casa?

— Ainda não, ele tem um bom período no hospital para se recuperar, e depois os médicos devem avaliar o seu comportamento. Você lembra que eu expliquei que o papai está com a cabecinha meio confusa?

— Lembro, sim. Sabe, eu conversei com o Caio e falei que eu não queria que meu pai voltasse para casa. Eu achava que era errado eu pensar assim, e então ele me explicou uma porção de coisas, que é até natural eu ter esses sentimentos, mas o importante mesmo é não desejar o mal a ele.

— Isso mesmo, meu bem. O que importa são as nossas intenções. Devemos orar por seu pai, para que ele se cure, tanto das doenças físicas como das doenças mentais, que o limitam nas suas relações com as outras pessoas.

— Sabe, mãe, eu sempre achei estranho meu pai dizer que não tem família, e nós sabemos que ele tem. Eu acho que as pessoas da família dele se cansaram de ser maltratadas e não quiseram mais ele por perto. Eu não quero que ele volte para nossa casa. Não quero que ele morra, mas ele não poderia morar em outro lugar?

— Temos um tempo ainda para pensar sobre isso, está bem? Não quero que você se preocupe, eu vou refletir sobre tudo o que nos aconteceu e anda acontecendo, e depois nós conversaremos e chegaremos a uma solução juntos, está bem?

— Você promete que vai pensar sobre o que eu quero?

100 • Eliane Macarini / Espírito Maurício

— Prometo, sim. Por que você está tão preocupado com isso, meu filho?

— O meu pai não vai respeitar quem eu sou, e com você é diferente, você sabe o que acontece comigo e não me ama menos por causa disso.

— Do que você está falando, Hugo?

— Você sabe, eu não sou como os outros meninos. Eu não gosto das coisas que eles gostam, eu sou diferente e sempre vou ser, porque é assim que eu sou, e isso não vai mudar. Quando meu pai perceber isso, ele não vai me deixar em paz.

— Meu filho, acalme seu coraçãozinho! Eu prometo que vou fazer tudo o que estiver ao meu alcance para protegê-lo, está bem? Não sofra com antecedência pelas coisas que poderão ou não acontecer. Eu o admiro e o respeito, e nunca vou permitir que você pense o contrário. Agora, sossegue a cabecinha e durma um pouco, já é tarde e amanhã você tem aula.

O menino levantou e abraçou sua mãe com muito carinho, voltou e deitou em sua cama, adormecendo de imediato. Vera ainda ficou por ali, observando o rosto do filho, segurando sua mão e pensando: "Ele é diferente, sim, seu rosto é de uma beleza desconcertante, suas maneiras são delicadas e é muito educado para sua idade, mas, principalmente, a sua doçura, a sua compreensão da vida, a sua dedicação e amor são conquistas desse espírito fantástico. Eu o amo muito e sei que teremos por aí uma luta brava, mas eu tenho muitas esperanças no futuro, e apenas motivos para agradecer a Deus".

12
UM RECOMEÇO PARA VERA

Na manhã seguinte, logo após levar Hugo para a escola, o telefone tocou na casa de Vera.
— Bom dia, Vera!
— Bom dia, Caio! Está tudo bem?
— Está, sim. Eu marquei consulta para você, hoje, às dez horas. Minha amiga Sônia vai recebê-la.
— Já? Eu estarei lá, está bem?
— Por favor, depois da consulta você me liga para contar as novidades.
— Pode deixar, não vou esquecer.
Os dois se despediram. Vera correu com seus afazeres e às nove e meia tomava o ônibus que a deixaria perto do consultório da doutora Sônia.
A médica a recebeu com carinho e um sorriso simpático nos lábios:
— Bom dia, Vera!
— Bom dia, doutora Sônia!

— Por favor, sente-se e me conte o que anda acontecendo com você.

— Há alguns anos eu me alimentava normalmente, nada exagerado, porque eu engordo com facilidade. Eu comia de tudo um pouco, era louca por chocolates e massas, mas as coisas começaram a mudar quando meu marido passou a ser grosseiro e violento. Às vezes sinto tanto medo dele que me calo diante das terríveis ofensas. Fui perdendo o gosto pela vida, por mim mesma e pela comida. Hoje, tenho dificuldades até mesmo para engolir, minha garganta parece que trava e é bastante doloroso, então, não como.

— Isso tem sido constante ou acontece em fases? Há dias melhores?

— Antes, sim, quando Otávio viajava a trabalho e ficava dois, três dias fora, eu conseguia comer melhor, mas, ultimamente, nem assim.

— Você tem 1,65 m de altura e está pesando quarenta e oito quilos. Seu índice de massa corporal (IMC) está em 17,6, abaixo do ideal. Você deveria estar pesando entre 55 e 57 quilos.

— Eu estou com anorexia?

— Calma, para chegarmos a esse diagnóstico há alguns itens a serem considerados, e um dos mais importantes é querer estar magra e nunca considerar ser o suficiente. A sua deficiência alimentar está vinculada a uma situação de vida, a qual você rejeita e não consegue modificar, o que provoca estados depressivos e de ansiedade.

— Então não é anorexia?

Sempre há vida • **103**

— Não da forma habitual, mas não deixa de ser um quadro com características anoréxicas. Você precisa, de início, fazer um tratamento com medicação. Vou receitar um ansiolítico e um antidepressivo, e vou encaminhá-la a uma nutricionista, aqui na clínica mesmo.

— Doutora Sônia, eu não tenho como pagar esse tratamento. Fico constrangida de falar isso, mas preciso ser sincera.

— Não se preocupe, nossa clínica e a academia de Caio têm um acordo, e agora o seu caso faz parte desse acordo. O Caio já explicou tudo, e há algum tempo ele acompanha uma paciente que não dispõe de recursos para frequentar alguns módulos de exercícios. É assim que funciona nosso trato.

Vera continuou a conversar com a simpática médica por mais uns minutos. Foi encaminhada a uma nutricionista, que a instruiu sobre a maneira correta de voltar a se alimentar normalmente e a encaminhou a uma psicóloga da clínica, que a receberia no dia seguinte, no período da tarde.

Vera saiu da clínica mais animada com as notícias que recebera, afinal, seu caso não era tão grave. Passou pela escola de Hugo e encontrou Cristina na porta. Pegou carona com a amiga e foi contando sobre tudo o que vivenciara naquela manhã.

— Graças a Deus, Vera! Eu já estava ficando preocupada com seu peso, você está cada dia mais magra.

— Eu nem ao menos tinha reparado nisso, andava tão preocupada com tantas coisas acontecendo.

— E suas roupas não estavam ficando largas?

— Nossa! Estavam, sim, mas eu não parei para pensar no assunto.

— Você precisa cuidar de si mesma. Pense no perigo que correu ignorando os fatos. Ainda bem que Caio percebeu. Aliás, precisamos falar de novo sobre o assunto. À tarde, quando os meninos forem para a academia, nós conversaremos na lanchonete, está bem?

— Eu tinha programado ir ao hospital saber notícias de Otávio.

— Para quê? Você mesma disse que o médico proibiu visitas e te deu o número do celular dele.

— Tem razão, mas eu sinto como se estivesse falhando com Otávio.

— Vera! Foi ele mesmo, o Otávio, que provocou isso, e não você. Não comece novamente a permitir esse sentimento de culpa, ele é inadequado e nada saudável.

— Você tem razão.

As moças chegaram às suas casas e despediram-se, combinando de se encontrar mais tarde. Vera lembrou-se de que precisava ligar para Caio, como havia prometido a ele.

— Bom dia, Caio!

— Bom dia, Vera! Você foi ao consultório de Sônia?

— Fui, sim, e fiquei muito feliz e mais sossegada. Graças a Deus, o distúrbio alimentar que apresento não chega a ser anorexia, mas ele acontece devido a um estado emotivo doentio, à depressão e à ansiedade, que acabaram aparecendo devido aos últimos acontecimentos em minha vida. Já passei pela nutricionista e ela me deu um cardápio simples para seguir, e amanhã tenho uma entrevista com a psicóloga.

— Que boa notícia! Fico mais tranquilo assim. Você tem aí a lista dos alimentos que precisa?

— Tenho, sim, é um cardápio bem simples, que normalmente faço aqui em casa. Eu apenas não respeitava meus horários para a alimentação, mas agora vou seguir direitinho.

— Que bom! Você falou sobre precisar trabalhar, não é?

— Preciso, sim, a situação financeira está bem difícil. Otávio tem um salário fixo pequeno, e a maior parte de nossa renda vem das vendas que faz e recebe comissão. Com ele doente, não tem esse complemento.

— Eu tenho uma proposta para você e para a Cristina: o contrato que temos com a empresa que administra a cantina da academia está terminando, e nós estamos muito insatisfeitos com eles, então, falei com meu irmão e tivemos a ideia de convidá-las para arrendar o negócio.

— Eu? Tocar a cantina da academia?

— Isso mesmo, minha cunhada adorou os bolos e pães que você fez para ela.

— Mas isso é compatível com o que a academia pode oferecer?

— Parece que você trabalha bem com grãos integrais, vegetais, verduras etc., nada que nós deixamos de aconselhar numa dieta.

— Podemos conversar sobre o assunto e ver se realmente eu dou conta de tudo.

— Pode ser hoje à tarde?

— Pode, sim, vou falar com Cristina. Ela está desempregada, cumprindo o aviso-prévio. Acredito que ela pode se interessar e dividir isso comigo.

— Muito bom! Assim vocês podem dividir o trabalho em períodos.

— Não sei como agradecer a você, está sempre me ajudando.

— Não precisa agradecer, quero apenas que você tenha tranquilidade para recomeçar a sua vida.

Vera ficou em silêncio por alguns instantes, e então perguntou a ele:

— E Otávio? Será que ele vai entender esse recomeço e nos deixar paz?

— Vera, você precisa pensar no que é importante e necessário para você e para Hugo. Se o Otávio não entender as mudanças que estão acontecendo em sua vida, isso é problema dele.

— Ele é violento, Caio. Eu temo a reação dele, mas não vou permitir que isso me impeça de fazer o que preciso.

— Isso mesmo, menina, isso mesmo! Espero você às três horas, que é o horário das atividades de Hugo e Ester, está bem?

— Combinado, vou dar a boa notícia para Cristina.

Cristina ficou bastante animada com a ideia da cantina e logo ligou para Basílio, o qual incentivou as duas amigas com boas ideias que as ajudariam bastante.

Vera orou com gratidão e fé, e uma doce luminescência irradiava de seu plexo coronário, enquanto um

Sempre há vida • **107**

irmão em deplorável estado mental e perispiritual tentava se aproximar de seu campo vibratório. Furioso e irritado, percebeu que a moça estava mais fortalecida e feliz, e pensou: "Vou até ele! Preciso avisar aquele inútil que estamos perdendo o controle sobre a traidora. Ele precisa ser mais esperto e voltar a intimidá-la até provocar pânico. Vou já!".

Otávio estava inconsciente, sedado para controlar a ira que o dominava e não prejudicar a cirurgia recente. O infeliz aproximou-se de seu campo vibratório com desfaçatez, olhando-nos com repugnância e afrontando as equipes espirituais que trabalhavam no hospital. Otávio, parcialmente desdobrado, reconheceu-o e aceitou a sua presença.

— Venha, venha logo! É meu visitante e eu quero que ele fique.

— Querido amigo, você passou por um procedimento cirúrgico delicado e precisa de repouso. Essa energia mais densa só poderá prejudicá-lo – tentei fazer com que entendesse a gravidade do momento que vivia.

— Não se metam, ele é meu amigo, e temos negócios a terminar juntos. Saiam daqui, não os quero por perto, e sei de meus direitos, sei que posso escolher o que quero viver. Saiam!

Afastamo-nos do leito ocupado por Otávio, e o infeliz irmão se aproximou e instruiu o encarnado a mudar de atitude com Vera quando acordasse. Pediu a ele que se mantivesse cordato, dizendo que não se lembrava de nada, apenas que desmaiara no bar, que pedisse perdão por seu comportamento. Ele precisava fazer de tudo para não ir para uma casa de saúde mental, mas sim ser liberado para voltar à sua casa e controlar o filho e a esposa, pois, caso contrário, ele é quem seria castigado.

Otávio se divertia com a ideia proposta pelo infeliz e, apesar das ameaças veladas, concordou com o plano malévolo. Eles que aguardassem a sua vingança, dessa forma ele teria mais tempo para elaborar um plano eficaz e definitivo.

O infeliz desencarnado saiu do ambiente. Otávio, ainda desdobrado, observou que outra entidade se aproximava: era um homem ainda jovem. Ele notou que o rapaz parecia bastante irado. Petulante, olhou para ele com desdém e falou:

— O que é? Veio aqui para o quê? Não temo nada, você é apenas um moleque.

— A mim você deveria temer, tem algo aí que é meu e eu vou cobrar o aluguel.

— O que pode ter por aqui que é seu? – perguntou Otávio às gargalhadas.

— Meu coração! Eu sempre disse que não queria ser doador de nada, e meus velhos o fizeram sem a minha autorização. Vou tirá-lo de você de alguma forma, ainda não sei o que fazer, mas já fui informado que tem como aprender. Não pense que viverá por muito tempo, vou pegar o que é meu de volta.

— Não se atreva a entrar aqui de novo, também sei como fazer as coisas por aqui. Antes de vir aqui e me afrontar, você deveria se unir a mim, juntos podemos aprontar mais. Quem te mandou para o outro lado? Parece que foi acidente, você está todo estropiado.

— O que você pode fazer por mim?

— Não sei, me diga você, depois te apresento para o chefão. Aí vocês negociam.

— Tá certo, vou te dar uma chance e, se me interessar o que propõe, deixo você em paz, caso contrário, trago-o para o lado de cá rapidinho e cobro a dívida.

— Cobrar de mim, você é louco. Cobre seus velhos, os beneméritos foram eles, eu apenas aproveitei a oportunidade.

— Vamos ver!

— Para a gente se comunicar preciso saber seu nome, qual é?

— Ivan, só Ivan.

— Tá bem, só Ivan. Eu sou só Otávio. Agora vou providenciar o combinado, não saia daqui.

Otávio tentou sair da ala hospitalar em que se encontrava, mas foi contido por uma equipe de trabalhadores daquela casa de socorro, e em instantes estava adormecido e novamente ao lado de seu corpo material. O espírito que se apresentou como Ivan se aproximou do leito e falou com raiva:

— Além de usufruir do meu coração, tentou me enganar. Esse não vai me escapar, não é à toa que me apelidaram de Demolidor. Esse aí vai saber do que sou capaz.

Vera entrava no hospital naquele instante, e foi à procura de informações sobre o estado de saúde de seu marido. Ela havia acatado as ordens do médico de ficar afastada enquanto Otávio se mantivesse em desequilíbrio, mas, a caminho da academia para trocar ideias sobre a administração da cantina, cochilou recostada no banco e sonhou que alguém a perseguia e tirava satisfações sobre o coração recebido por Otávio. Acordou sobressaltada e resolveu passar pelo hospital antes de comparecer ao compromisso que assumira com Caio.

— Bom dia, Madalena – cumprimentou a enfermeira que sempre a mantinha a par do estado de saúde de Otávio enquanto internado na UTI.

— Bom dia, dona Vera. Está tudo bem?

— Está, sim, apenas preocupada com Otávio. Você sabe algo a respeito de seu estado clínico?

— Acabei de sair de lá agora. Ele ainda está bem agitado, mesmo quando adormecido, fala muito e mostra estar confuso. Quanto aos resultados da cirurgia, está tudo bem – e, olhando para o relógio, comentou: – As visitas começarão em poucos minutos, e a senhora pode conversar com o médico de plantão. Espere uns minutos, eu já volto e peço a ele que a atenda na sala de espera, está bem?

— Obrigada, Madalena, vou esperar, sim.

Vera sentou-se em uma poltrona para aguardar a vinda do médico. Sentiu-se desconfortável, parecia que alguém a observava. Olhava de um lado a outro, mas não havia ninguém por ali. Pensou: "Será possível que estou sentido a presença de algum espírito?".

Sempre há vida • **111**

Ivan, que a observava, percebendo a insegurança da moça, aproximou-se de seu campo vibratório e, enraivecido, gritou em seu ouvido:

— Maldita, ainda vem visitar esse desgraçado? Vou dar conta de você também. Já matei por muito menos, e daqui ando percebendo que a minha vingança será mais fácil do que penso.

Vera empalideceu e sentiu uma vertigem. Emocionada, passou a orar a prece que o Mestre dos Mestres nos ensinou e, ao final da oração feita com carinhoso desvelo, agradeceu a Deus pela oportunidade de poder entender e fazer algo por alguém que estava perdido em um mundo de infelicidade. O médico adentrou a pequena sala e se dirigiu a ela:

— Bom dia, dona Vera.

— Bom dia, doutor. Como está Otávio?

— Hoje estava bastante agitado, e resolvemos mantê-lo por mais um dia sob sedação mais leve. No momento, aparentemente, parece mais calmo. Quanto ao estado de saúde física, ele está bem, se recupera da cirurgia, e não notamos nenhum sinal de rejeição. Ele ficará na UTI por pelo menos mais dois dias, depois será avaliado e, se possível, irá para um quarto.

— Eu ainda não posso vê-lo?

— É melhor não, dona Vera. Desculpe, mas, se ele entrar em estado de agitação, poderá prejudicar a cirurgia de transplante.

— Está bem. Obrigada, doutor.

112 • Eliane Macarini / Espírito Maurício

Vera saiu do hospital seguida de perto por Ivan, e novamente teve a sensação de estar sendo observada. Ela, então, pensou: "Caio falou que, quando começamos a entender a relação que existe entre o mundo dos espíritos desencarnados e o dos encarnados, percebemos mais claramente essa movimentação. Será que é isso que anda acontecendo comigo? Quando nos encontrarmos vou perguntar a ele".

Entrou no ônibus e sentou-se ao lado de uma simpática senhora. Esta a olhou como se visse além da normalidade e, sorrindo, falou com Vera:

— O dia está muito quente, não é?

— Bastante, e isso nos deixa mais cansadas.

— Você está bem? Parece bem cansada e está muito pálida.

— A vida tem sido complicada ultimamente, mas vai melhorar, tenho certeza.

— Desculpe perguntar, mas qual é a sua religião?

— Estou conhecendo a doutrina dos espíritos. Ainda é bastante confuso para mim entender tantos conceitos novos, mas estou gostando muito.

— É uma linda filosofia de vida que sigo há muitos anos.

— Por que a senhora me perguntou isso?

— Meu nome é Vanda, querida. Gostaria de aconselhá-la a procurar um centro que tenha atendimento fraterno, pois sinto que essa atividade benéfica vai auxiliá-la bastante.

— Eu estou indo à Casa Espírita Caminheiros de Jesus. Alguns amigos me levam uma vez por semana.

Sempre há vida • **113**

— Eu conheço essa casa, é um lugar de estudos e trabalhos bastante sérios. Continue assim e acredite que tudo vai melhorar.

— Preciso descer no próximo ponto, mas obrigada pelo conselho. Até mais, Vanda!

— Qual é o seu nome?

— Eu sou Vera.

Vera desceu do ônibus e, sorrindo, pensou aliviada: "Caio e Cristina têm razão, Deus não nos desampara de forma alguma, a cada minuto coloca em nosso caminho os seus anjos. Essa senhora com certeza me ajudou, pois me sinto mais serena e mais leve, parece que foi tirado um peso enorme de minhas costas. Obrigada, Pai, obrigada!".

13
Informações sobre Otávio

Quando Vera chegou à academia, Cristina já estava esperando por ela e por Caio, que dava aula um grupo de senhoras.

— Bom dia, meninas. Desculpem a demora, mas esse grupo é composto de pessoas com mais de setenta anos, e preciso de mais tempo e paciência com ele.

— Que modalidade de exercício elas praticam? – perguntou Cristina.

— O *tai chi chuan*, uma arte marcial chinesa atualmente bastante popular e praticada no mundo todo. É apreciada por sua relação com a meditação, *tao yin*, e com a preocupação com a saúde; é uma referência à tranquilidade e ao equilíbrio. Os criadores do *tai chi chuan* basearam sua arte na observação da natureza: não apenas na movimentação dos animais, mas também no estudo dos princípios da interação entre os diversos elementos naturais. Como somos parte da natureza, o conhecimento desses princípios e de como atuam dentro de nós, estudados pela medicina tradicional chinesa, revelam o *tai chi* como uma fonte efetiva de energia que se encontra em nosso interior, situada na região do corpo nomeada pelos chineses de Dantian Médio.

— Que interessante! – comentou Vera.

— Os textos escritos pelos mestres do *tai chi chuan* orientam a vencer o movimento através da quietude, vencer a dureza através da suavidade e, por fim, vencer o rápido através do lento – explicou Caio.

— O que é Dantian Médio? – perguntou Vera.

— Podemos definir três áreas distintas de cultivo da energia vital: o Dantian Inferior, que fica localizado na região do plexo solar, e é associado à energia física e à vitalidade; o Dantian Médio, na região do plexo cardíaco, e está relacionado à respiração e à saúde dos órgãos internos, e, por último, o Dantian Superior, na altura do terceiro olho, ligado à consciência e à mente. Caso interesse a vocês, nós temos um grupo mais jovem, que começa os exercícios às sete horas da manhã.

— Se der tudo certo com a cantina, a essa hora já estaremos trabalhando.

— Tem razão, veremos outro horário em que poderão participar, de preferência separadas, assim uma cuida da cantina, e a outra, da mente e da saúde física.

— Eu gostaria muito – falou Vera.

— Eu também – completou Cristina.

116 • Eliane Macarini / Espírito Maurício

— Antes de começarmos nossa reunião, eu posso falar de algo que não tem nada a ver com o assunto? – perguntou Vera.

— Se a preocupa, é claro que sim – respondeu Caio.

— Hoje senti, várias vezes, a aproximação de um espírito. Por que antes era diferente? Por que eu não percebia nada disso e hoje é uma coisa até mesmo constante no meu dia a dia?

— Para entendermos esse intercâmbio de informações entre os dois mundos, precisamos entender e assimilar que, antes de sermos espíritos encarnados, nós somos espíritos, e a natureza de nossa essência é essa. Então, sentir a aproximação dos irmãos que habitam o mundo invisível é natural e saudável; porém, como seres ainda ignorantes de nossa própria natureza, não conseguimos observar esses fatos que nos acontecem à luz da verdade, e não raras vezes relegamos essas sensações ao esquecimento ou mesmo negamos a sua existência, ou explicamos esses acontecimentos de outras formas; porém, quando passamos a refletir sobre os novos conhecimentos, para nós, à luz da doutrina dos espíritos, eles tomam uma nova forma e um novo valor em nossa mente e passamos a observá-los e a entendê-los – explicou Caio.

— Você quer dizer que eu tinha essas sensações, mas não as reconhecia da forma como faço hoje?

— Exatamente, Vera. Diante das informações que está recebendo, você direciona o entendimento de acordo com o que aprende, e reage de forma diferente também – completou Caio.

Sempre há vida • **117**

— Hoje, quando tive todas essas sensações, também senti muita alegria, pois entendi que alguém que sofria estava próximo de mim, e eu, de uma forma diferente, poderia ajudar – falou Vera.

— É assim que também me sinto ao perceber essas aproximações, pois consigo entender a bondade de Deus, que nos permite viver essas experiências amorosas – disse Cristina.

— Sabem... eu ando me emocionando muito com tudo isso, o mundo está diferente para mim. Antes sentia uma tristeza infinita, como se não tivesse esperança nos dias que ainda viverei, mas hoje estou começando a entender que tenho capacidade para mudar tudo isso e escrever minha própria história. Sei que ainda tenho um bom pedaço por aí para resolver e modificar, mas isso não me assusta mais – confessou Vera.

Caio olhou para a moça com carinho, tomou sua mão entre as suas e falou, emocionado:

— E você sabe que poderá ter a minha ajuda no momento em que precisar, não é?

— Sei, sim. Antes sentia culpa por nossos sentimentos, mas agora sei que o amor tem sempre uma boa finalidade, então, eu sereno meus pensamentos e apenas aguardo para entender tudo isso – respondeu Vera com segurança.

Cristina se aproximou dos dois, abraçou-os com carinho e falou, com lágrimas escorrendo por seu rosto delicado:

118 • Eliane Macarini / Espírito Maurício

— Para que tudo dê certo, basta que nos portemos com dignidade e fidelidade, assim, acabamos por equilibrar nossos pensamentos, nossos sentimentos e nosso querer. Acredito no amor que os une, e creio que um dia tudo fará sentido. Apenas acalmem seus corações e esperem a hora certa.

Emocionados com a elevação dos sentimentos desses amigos, nos aproximamos e os auxiliamos com passes da mais pura energia que conseguíamos doar.

Ivan olhou para nós e sorriu com cinismo, falando-nos com desfaçatez:

— Veremos até onde vai a boa vontade desses desgraçados.

Continuamos em silêncio e em prece, pedindo ao Pai compaixão para os pobres espíritos ignorantes da boa vontade e do amor fraternal.

Voltei à instituição que nos acolhia no plano dos espíritos, e para minha alegria encontrei com o amigo Vinicius, companheiro de lides socorristas.

— Boa noite, meu amigo, que alegria encontrá-lo por aqui! – falei animado.

— Boa noite, Maurício. O companheiro Ineque solicitou nossa ajuda em benefício de uma família que passa por momentos de provação, e aqui estou para colocar-me à disposição.

— Que maravilha! Andei conversando com ele para que considerasse auxiliar mais de perto um grupo de afinidades que frequentam a Casa Espírita Caminheiros de Jesus. Seria esse o socorro para o qual foi designado?

Sempre há vida • **119**

— Esse mesmo. Acabei de chegar do prédio que abriga os arquivos em busca de informações a respeito do assunto.

— Conseguiu algo que nos possa auxiliar?

— Otávio é um espírito ainda bastante ignorante: há alguns séculos desfrutava uma encarnação de reajuste moral, e um dos assuntos abordados na época foi exercitar o convívio familiar em busca de comportamentos mais humildes; porém, ao entrar na idade adulta, passou a fazer escolhas duvidosas em relação ao seu planejamento reencarnatório – Vinicius fez pequena pausa e continuou. – Era um moço de origem simples e humilde e, apesar das dificuldades financeiras da família, esta se dedicava com admirável empenho na educação dos filhos. Na medida do possível, todos frequentaram escolas, incentivados sempre a estudar e se dedicar ao excelente processo da educação acadêmica e moral. Os pais eram empregados de confiança de um nobre muito rico e poderoso, moravam em confortável casa, próximo à casa grande, que se situava numa grande propriedade rural. As crianças que habitavam a propriedade conviviam amigavelmente com os filhos do patrão, desenvolvendo, assim, amizade verdadeira e livre de preconceitos. Otávio desfrutava desse panorama, mas nunca se conformou em ser apenas o filho mais velho do caseiro, ele ambicionava mais e mais. Naquela oportunidade, estavam encarnados entre os jovens Vera, filha do fazendeiro, Ivan, filho de colono, e Caio, filho de um grande latifundiário da época.

120 • Eliane Macarini / Espírito Maurício

"Os quatro jovens eram amigos. Vera e Caio mostravam certa atração um pelo outro. Ivan era confidente do amigo e sabia da paixão dele por Vera e da intenção de, em futuro próximo, pedir a mão da menina em casamento.

"Otávio percebeu as intenções do amigo e, cínico, aproximou-se mais do rapaz, tornando-se de sua confiança. Ele já elaborava ardiloso plano para desposar Vera, e seus propósitos eram baseados na ambição desmedida, na ideia de sair do anonimato e tornar-se rico e poderoso através dessa união. Para tanto, percebeu que precisava afastar Caio da menina.

"Passou a tecer intrincada trama de traição, enredando Ivan e Caio, tornando-os inimigos ferrenhos. Ora aproximava-se de um e falava sobre as intenções do outro em relação a Vera, ora aproximava-se do outro com o mesmo propósito. Tal discórdia alimentada por maledicências culminou em terrível duelo, momento em que Ivan desencarnou odiando Caio, para no futuro descobrir que fora vítima das tramoias de Otávio. Caio, ferido no duelo, adoeceu gravemente, vindo a falecer em pouco tempo.

"Otávio então se aproximou de Vera com a intenção de tornar-se indispensável naquele momento doloroso para a moça, que começava a amar Caio. Por fim, acabaram se casando, e o inferno instalou-se na vida da moça, pois, após o enlace, o rapaz mostrou toda a sua ambição e falta de caráter, chegando, não raras vezes, a atitudes de violência com sua família. Vera teve três

Sempre há vida • **121**

filhos homens, sendo que veio a desencarnar durante o parto do filho caçula. Desarvorada, revoltada e muito infeliz, chegou ao plano dos espíritos e, após certo tempo, devido à bondade natural de seu espírito, perdoou o infeliz e voltou ao caminho da redenção.

"Trabalhou no socorro de Otávio e Ivan, e o primeiro aceitou retomar a caminhada interrompida pelos conflitos que vivenciou. Ivan, enlouquecido de ódio pela traição, ainda continuou a vagar pela escuridão da própria mente, até que, cansado do sofrimento que impunha a si mesmo, aceitou auxílio.

"Durante o processo de planejamento encarnatório, ciente de suas dificuldades morais, Otávio aceitou nascer com fragilidades cardíacas que seriam usadas somente se fosse necessário."

— Agora entendo melhor essa história. E Caio entra nesse planejamento ou também sua presença seria condicional ao seu desenrolar? Sabemos da afinidade amorosa entre Caio e Vera. Colocá-los lado a lado não é o mesmo que contribuir para que compliquem sua situação perante a vida? – perguntei ao amigo Vinicius.

— Caio é um espírito melhor, sua intenção nessa trama sempre foi auxiliar nos momentos difíceis. O amor que já florescia no passado está aflorando no momento, mas percebemos que ambos relutam em vivenciar essa história enquanto houver laços matrimoniais entre Vera e Otávio – informou Vinicius.

— Essa história de separação ainda é meio complicada para eu entender. Quando podemos ter a certeza de que cumprimos nosso compromisso numa relação matrimonial e que o momento oportuno para separação é esse? – questionei o amigo.

— Cada história é diferente da outra, cada ser sabe qual é o momento que marca o fim de uma época em sua vida, e o importante é que saibamos que todas as oportunidades de acordo foram tentadas. Se na relação entre o casal a discórdia e o desamor se instalam, é mais saudável afastar-se um do outro para evitar complicações maiores e mais graves – explicou Vinicius.

— No *Livros dos Espíritos*, na questão 695, Kardec pergunta se a união pelo casamento entre dois seres é contrária à lei da natureza, e a resposta é a seguinte: é um progresso na marcha da humanidade. Analisando essa resposta em relação à separação, como devemos entender? – perguntei.

— Na questão 696, Kardec pergunta qual seria o efeito da abolição do casamento para a humanidade, e a resposta é: o retorno à vida dos animais, ou seja, um retrocesso no processo evolutivo. Mas, na questão 697, quando pergunta se a indissolubilidade absoluta do casamento pertence à lei natural ou apenas à lei humana, a resposta é: é uma lei humana muito contrária à lei natural. Mas os homens podem modificar as suas leis, somente as naturais são imutáveis – respondeu Vinicius.

Naquele momento, Ineque se aproximou de nós e, sorrindo, perguntou-nos:

— Posso contribuir com a conversa?

— Por favor, meu amigo, estamos aqui tentando entender o assunto da separação no casamento, visto estarmos diante de um caso que poderá terminar dessa forma.

— O espiritismo não é contrário à ideia das separações, visto que o casamento convencional é resultante de leis sociais, e não das leis naturais, mas no *Evangelho Segundo o Espiritismo*, no capítulo XXII, item 3, Jesus disse: "Não separeis os homens na terra o que Deus uniu nos céus". À primeira vista, parece que há um conflito de ideias em relação a essa afirmação, porém, se analisarmos que Deus nos fala sobre a forma mais pura da união, dos sentimentos que se originam em nossos corações, e que são o berço natural dos casais felizes, concluímos que isso está de acordo com as leis naturais baseadas no amor, o que acaba por gerar relacionamentos familiares harmônicos; porém, veremos que em determinadas situações essa harmonia não se concretiza, e isso nos faz crer que esse casal não mais acalenta sentimentos puros, naturais, um pelo outro, ou mesmo eles nunca conseguiram florescer, pois não há afinidade vibratória amorosa entre os dois, e manter esse compromisso, apesar dos pesares causados, poderá um dia gerar situações de conflitos extremos, ou seja, gerar males maiores. Sem o sentimento natural que une o casal, a separação já existe nos sentimentos, e a separação de corpos não será mais que uma oficialização para a sociedade – concluiu Ineque.

— Todas as relações entre as criaturas do Pai devem nortear seu relacionamento pelo amor, o que nos é natural. Fora desse aspecto, estamos apenas exercitando o caminho – disse Vinicius.

— E quanto ao papel de Ivan nessa história? Pelo comportamento que apresenta, parece ainda não se lembrar de seus antigos companheiros – comentei com os amigos.

— É assim mesmo, Maurício. A mente de Ivan ainda está presa aos fatos vivenciados nessa última encarnação, mas seus sentimentos são de estranheza quando se aproxima de seus antigos amigos. Inclusive foi aproveitada a oportunidade deste desencarne prematuro, de forma violenta, derivado de seus desatinos, e a família foi intuída sobre a doação de órgãos – falou Ineque.

— A Providência Divina se manifestando através de seus filhos melhores – concluiu Vinicius.

— A beleza da vida que acaba por se assentar de forma harmônica, permitindo a nós, espíritos endividados pelo próprio orgulho, a recuperação através da caridade – explicou Ineque.

— E Ivan vai se lembrar de quem é Otávio? – perguntei ao amigo Ineque.

— Esperemos para auxiliar assim que as oportunidades aconteçam – respondeu-me o companheiro de lides socorristas, com esperança em seu olhar.

14
OTÁVIO TENTA SE RECUPERAR

Os três amigos logo estavam combinando como deveria ser a nova direção da cantina da academia e, felizes, decidiram ampliar o atendimento através de uma porta externa que dava acesso para a rua.

Caio havia discutido o assunto com seu irmão e sua cunhada, seus sócios, e eles concordaram em ampliar o negócio com a intenção de auxiliar Vera a ter um meio digno de sustentar sua família. As amigas, agradecidas, retornaram às suas casas felizes e ansiosas para iniciar o novo trabalho.

Os dias foram passando, Otávio foi liberado da UTI e encaminhado a um quarto. Ele estava mais calmo e cordato, pedia desculpas a todos que o atendiam no leito hospitalar pelo comportamento desequilibrado. Implorou ao médico psiquiatra que autorizasse a visita de seus familiares. Mesmo reticente e desconfiado das intenções de seu paciente, assim foi feito.

Vera, avisada da novidade pelo médico, sentiu um certo alívio, seguido de uma sensação esquisita e muito enjoo estomacal.

— Cristina, eu estou contente por Otávio estar melhor, por mostrar mais equilíbrio em suas atitudes, mas sinto um aperto no coração, é como se algo muito ruim estivesse próximo de acontecer. O que será isso?

— Vera, desculpe sua amiga, mas eu não acredito que Otávio tenha mudado de ideia, apesar de demonstrar até afeto por vocês, como falou o médico. Ele deve estar planejando algo e, conhecendo-o como é, acredito que não é nada de bom.

— Eu sinto a mesma coisa. O que devo fazer?

— Não sei como te aconselhar. Se seguir meus instintos, pediria a você para não ir e também para não acreditar em Otávio, mas a realidade e as atitudes que você precisar tomar são muito diferentes, não é mesmo?

— É verdade, Cristina, eu preciso ir ao hospital e enfrentar essa situação, além do mais, eu não sou mais a mesma pessoa, mudei muito, estou mais forte e sei o que preciso fazer em benefício de meu filho e de mim mesma. Otávio provavelmente terá um longo período de recuperação e precisará de cuidados constantes, e eu estarei trabalhando na cantina, assim, vou precisar contratar alguém para ajudar em casa e ficar com ele. Bom, não adianta ficar caraminholando aqui, sem saber ao certo como as coisas acontecerão, não é mesmo?

14
Otávio tenta se recuperar

Os três amigos logo estavam combinando como deveria ser a nova direção da cantina da academia e, felizes, decidiram ampliar o atendimento através de uma porta externa que dava acesso para a rua.

Caio havia discutido o assunto com seu irmão e sua cunhada, seus sócios, e eles concordaram em ampliar o negócio com a intenção de auxiliar Vera a ter um meio digno de sustentar sua família. As amigas, agradecidas, retornaram às suas casas felizes e ansiosas para iniciar o novo trabalho.

Os dias foram passando, Otávio foi liberado da UTI e encaminhado a um quarto. Ele estava mais calmo e cordato, pedia desculpas a todos que o atendiam no leito hospitalar pelo comportamento desequilibrado. Implorou ao médico psiquiatra que autorizasse a visita de seus familiares. Mesmo reticente e desconfiado das intenções de seu paciente, assim foi feito.

Vera, avisada da novidade pelo médico, sentiu um certo alívio, seguido de uma sensação esquisita e muito enjoo estomacal.

— Cristina, eu estou contente por Otávio estar melhor, por mostrar mais equilíbrio em suas atitudes, mas sinto um aperto no coração, é como se algo muito ruim estivesse próximo de acontecer. O que será isso?

— Vera, desculpe sua amiga, mas eu não acredito que Otávio tenha mudado de ideia, apesar de demonstrar até afeto por vocês, como falou o médico. Ele deve estar planejando algo e, conhecendo-o como é, acredito que não é nada de bom.

— Eu sinto a mesma coisa. O que devo fazer?

— Não sei como te aconselhar. Se seguir meus instintos, pediria a você para não ir e também para não acreditar em Otávio, mas a realidade e as atitudes que você precisar tomar são muito diferentes, não é mesmo?

— É verdade, Cristina, eu preciso ir ao hospital e enfrentar essa situação, além do mais, eu não sou mais a mesma pessoa, mudei muito, estou mais forte e sei o que preciso fazer em benefício de meu filho e de mim mesma. Otávio provavelmente terá um longo período de recuperação e precisará de cuidados constantes, e eu estarei trabalhando na cantina, assim, vou precisar contratar alguém para ajudar em casa e ficar com ele. Bom, não adianta ficar caraminholando aqui, sem saber ao certo como as coisas acontecerão, não é mesmo?

Sempre há vida • **127**

— Você precisa manter o autocontrole e continuar acreditando em sua capacidade, está bem?

— Sei disso, Cristina! E essa ideia tem me sustentado e mantido minha esperança. Fique tranquila, eu creio que conseguirei superar mais esse momento. Hoje consigo perceber que a vida tem um movimento contínuo de renovação, e isso me deixa tranquila quanto ao futuro. Agora preciso ir ao hospital. Você recebe o material da cantina sozinha?

— Pode ficar sossegada, eu faço isso e já começo a organizar as coisas. Quando você puder, você vem.

— Obrigada, minha amiga, se não fosse a presença de vocês em minha vida, não sei o que faria.

— Vá, veja o que precisa ser feito por Otávio. Paciência e firmeza, está bem?

Vera abraçou a amiga e se dirigiu ao hospital.

O médico psiquiatra a esperava no consultório e cumprimentou-a com carinho e respeito, pois passara a conhecer a bondade com que aquela criatura se portava em todas as situações que havia presenciado.

— Entre, dona Vera, sente-se. O senhor Otávio está se recuperando bem da cirurgia, já está tomando a medicação que orientei na dosagem correta, mostra um comportamento mais equilibrado, está mais tranquilo e nos parece que reage bem. Pediu-nos que liberasse a visita da família, insistindo estar saudoso e envergonhado das confusões que andou arrumando – falou o médico.

— Doutor, fico contente com isso, mas o senhor acredita mesmo nessa mudança radical de comportamento?

O médico abaixou a cabeça, levantou os olhos e observou a moça por sob os cílios.

— Dona Vera, a medicação age inibindo determinadas reações mais agressivas, mas não muda a personalidade do paciente, apenas o deixa sob controle, o suficiente para que consiga interagir com a sociedade. Posso deduzir que seu marido anda se esforçando por modificar atitudes de forma mais intensa, talvez por receio de uma internação.

— Ele está fingindo, não é isso?

— Eu aconselho a observar o comportamento dele enquanto internado, e a equipe médica fará o mesmo, está bem?

— Eu estou trabalhando, uma amiga e eu arrendamos a cantina de uma academia, por isso não poderei passar o dia todo com ele.

— Quanto a isso, não se preocupe, temos uma equipe de enfermagem competente, e vou instruir todos sobre os cuidados necessários, assim como a equipe dos médicos que o atendeu quanto ao problema de coração. Apenas procure vir uma vez ao dia e passar algumas horas com ele, está bem?

— Obrigada, doutor! Eu já posso vê-lo?

— Ele ainda está na UTI, aguardando a liberação para o quarto. Por favor, a senhora poderia se informar com mais clareza junto ao atendimento.

Vera agradeceu e se dirigiu à entrada do hospital. A atendente informou que Otávio estaria no quarto no máximo em uma hora. Pensativa, a moça aguardava a autorização para ver o marido. Duas horas se passaram, e por fim foi permitido a ela subir para se encontrar com o doente.

Ela parou em frente à porta do quarto, respirou fundo, procurando acalmar o coração que batia descompassado e se lembrou com carinho do aconselhamento que recebia no atendimento fraterno da Casa Espírita sobre o poder da prece; então, fechou os olhos, respirando compassadamente, e pediu a Deus fortalecimento, paciência e tolerância para enfrentar os problemas que certamente ainda deveria superar. Sentiu como se alguém a afagasse com carinho e percebeu uma doce voz murmurando em seu ouvido:

— Vá, minha filha, ele está doente da alma, é um necessitado de seu amor e de seu carinho, apenas não esqueça o que anda aprendendo por esses dias, seja firme e doce em suas ações. Vá, enfrente de cabeça erguida esse momento.

Ivan, que havia se aproximado de Vera, passou a observar a cena intrigado, sentindo que precisava se lembrar de alguma coisa importante, mas não conseguia firmar o pensamento em nada. Sentiu-se inibido na presença daquela moça, e uma vontade de chorar incontrolável invadiu seu peito. Afastou-se devagar e, conforme caminhava, olhava para trás, sentindo uma forte emoção, mas não sabia o porquê.

Decidida, Vera abriu a porta e entrou. Olhou para Otávio acomodado na cama hospitalar. Ele estava adormecido e a moça sentiu compaixão por ele, pois estava bastante abatido pela doença e pelo sofrimento por que passara. Pensou, apiedada: "Quem sabe a dor, o medo e a solidão não o transformaram?".

Entrou e fechou a porta, procurando não fazer barulho e acordar o marido. Otávio pressentiu a presença da moça e, sorrindo por dentro, pensou com maldade: "Agora começa o teatro, o papel de bom-moço arrependido. Minha vingança será terrível, eu vou destruir essa traidora, levá-la à loucura e à morte dolorosa; somente assim vou conseguir ter paz. Quero que o diabo a carregue para o inferno mais profundo. E aquele moleque vai endireitar do jeito que precisa ser. Não nasci para ser pai de mariquinhas".

Mexeu-se na cama, abriu os olhos devagar e fitou Vera, sentindo que havia algo diferente na postura da moça. Intrigado, disse num sussurro, observando a reação da esposa:

— Estava com saudade de você, do seu cheiro, da sua voz, mas antes preciso pedir perdão pelas maldades que andei fazendo. Me perdoe, eu a amo mais do que a minha vida.

Vera olhou para ele, com o olhar fixo naquela figura debilitada, e sentiu novamente um enjoo e um mal-estar que a incomodavam muito. Então, lembrou-se dos conselhos de Cristina, conseguiu controlar as sensações que tentavam dominá-la e disse com firmeza:

— Não se preocupe com isso agora. Este momento deve ser destinado à sua recuperação física. Depois veremos o que fazer.

Otávio, irritado com a postura de Vera, tentou levantar da cama, com a intenção de agredi-la, mas sentiu uma forte dor no peito, devido à cirurgia. Voltou a recostar-se nos travesseiros e lembrou-se de que precisaria tratá-la com calma e esperteza.

— Você tem razão, esse não é o momento certo para discutirmos o futuro, principalmente porque vocês devem estar muito magoados com minhas atitudes. – Com expressão de dor no rosto, encenando um triste sorriso, continuou: – Preciso do perdão de vocês, pois, apesar de não lembrar quase nada do que andam me contando, deve ter sido muito triste o meu comportamento.

Vera continuava em silêncio e, observando as expressões faciais de Otávio, percebeu com tristeza que um ríctus de escárnio estava presente em cada palavra proferida pelo moço. Olhou para ele e falou com mansidão:

— É muito triste mesmo o que andamos vivendo ao seu lado, mas hoje, neste momento, você tem a oportunidade de modificar as suas atitudes através da compreensão de seus deveres e direitos, mas me parece que isso ainda não passa por sua mente; então, não perca tempo tentando me convencer de algo que não sente. Mas reflita se é isso mesmo que ainda quer continuar a viver. Quando cheguei você dormia, e acredito que isso é o que deve fazer para se recuperar. Aproveite e descanse, está bem?

Otávio olhava para a esposa surpreendido com a reação dela, e então falou entredentes, tentando controlar a raiva e a vontade de reagir com violência:

— Tá certo, vou dormir, mas não vou morrer e ainda sou um homem, apenas estou doente.

Vera olhou para ele com piedade, recostou-se na poltrona, fechou os olhos e iniciou uma prece de agradecimento. Naquele instante, percebeu quanto havia mudado sua atitude em relação a Otávio, sentia-se forte e protegida, e finalmente conseguia sentir liberdade em sua mente. Sorriu e voltou a olhar para o homem pálido e esquálido deitado na cama hospitalar. Enternecida, pensou: "Quem sabe não consigo mostrar a ele um pouco desse sentimento libertador que hoje alimento? Deus, tenha piedade desse irmão, seu sofrimento deve ser atroz".

Ivan e outra entidade que ainda não havia se apresentado a nós observavam a moça com desfaçatez. Ivan se aproximou dela e perguntou:

— Eu sei que você sabe quem sou eu, mas eu não sei quem é você.

— O que o faz pensar que tem o direito de falar comigo?

— Parece que queremos a mesma coisa, então, podemos unir nossos esforços.

— E você pensa que eu preciso de sua ajuda? Nem mesmo se movimentar neste mundo você sabe, o que poderia me oferecer?

— Vou te mostrar!

Ivan se aproximou de Otávio, que fingia estar adormecido, e com facilidade conseguiu sintonia mental com o doente, passando a repetir a mesma frase, sem interrupção e com firmeza.

— Esse coração é meu e vou tomá-lo de você!

Otávio, sentindo certo desconforto, passou a se mexer na cama, e o desconforto transformou-se em uma dor difusa, incômoda, que o desequilibrava. A sensação de dor foi intensificando e, apavorado, ele sentia como se uma mão penetrasse seu peito e envolvesse o músculo cardíaco, apertando-o e puxando-o para fora do peito. Em pânico, começou a gritar:

— Para! Para! Esse coração agora é meu! Para! Para!

Gritava e se debatia na cama, tentando levantar-se. Vera tentou conter o homem, mas não conseguia, tamanha a força que ele demonstrava. Um enfermeiro veio em seu socorro, seguido por outro, que trazia uma seringa com calmante. O líquido foi aplicado no paciente e ele pareceu se acalmar.

Novamente sozinha com o marido, a moça passou a observar seu semblante. Percebeu que estava desdobrado, amedrontado, tentando se esconder enquanto uma sombra gigantesca o ameaçava incessantemente. Foi uma visão rápida, mas esclarecedora. Então, a moça passou a orar compadecida da situação terrível que ele vivenciava. Sorriu diante da própria atitude, feliz por conseguir enxergar além da aparência, além da superfície dos sentimentos e, compadecida, entendeu que os descontroles emocionais de Otávio tinham uma razão, certamente originados em terríveis momentos de desequilíbrio. Então, lembrou-se da fala da atendente fraterna: "Deus não abandona nenhum de seus filhos, e aqueles que sofrem as incertezas do amanhã, a falta de fé em si mesmos e em Deus e reagem com maldade e desfaçatez são os mais necessitados, são aqueles que necessitam de nosso amor e de nosso perdão, o único caminho para a harmonia e a união de propósitos benéficos".

15
O DESENCARNE

Mais uma semana se passou, era o fim de uma sexta-feira, e a reforma na cantina havia terminado. Vera e Cristina estavam arrumando tudo para poder iniciar o trabalho, e tinham apenas dois dias para concluir os preparativos. Animadas, corriam de um lado a outro, rindo, cantando e brincando.

Caio entrou, observou a animação das duas amigas e sorriu, feliz.

— Boa tarde! Parece que está quase tudo pronto e ficou muito bonito.

— Boa tarde, Caio! Ainda faltam algumas coisas para finalizar. Você poderia nos ajudar? – perguntou Vera.

— Tenho uma janela de uma hora, então, aproveitem a minha presença – respondeu o rapaz sorrindo.

— Precisamos instalar dois pontos de luz, naquele canto e também aqui perto da pia – informou Cristina.

— Podem deixar, considerem o serviço feito. Termino minhas aulas às 20 horas, e aí venho ajudá-las de novo – falou o rapaz, bem-humorado.

— Será ótimo. O Basílio ficou com as crianças para que pudéssemos dar conta de tudo, mas algumas coisas não sabemos nem mesmo como iniciar – respondeu Cristina rindo.

Naquele instante o telefone celular de Vera tocou, ela atendeu e empalideceu de imediato.

— Estou indo para aí agora, obrigada pela gentileza.

— O que houve, Vera? – perguntou Caio.

— Otávio está mal, muito mal. Parece que ele surtou de repente e fugiu do quarto. Eles não sabem o que aconteceu ao certo, mas parece que houve ruptura na cirurgia e ele está com hemorragia grave.

— Eu vou com você ao hospital. Cristina, você continua por aqui? – perguntou Caio.

— Vou ligar para Basílio vir me buscar e peço a ele que instale os pontos de luz. Não se preocupe, Vera, nós cuidamos de Hugo. Vá e veja o que pode ser feito por Otávio – respondeu Cristina.

Logo Caio e Vera adentravam as instalações hospitalares, e a moça foi em busca de informações sobre a saúde de seu marido.

— Dona Vera, por favor, entre aqui no consultório.

O médico, visivelmente constrangido, passou a informar sobre o ocorrido.

— Otávio estava bem, demonstrava até mesmo certo equilíbrio em suas atitudes. Estava medicado, tanto para o problema psiquiátrico como para o corpo físico. Há mais ou menos três horas, a enfermeira do posto médico onde estava internado veio informar que ele não se encontrava no leito. Foi dado alerta para que fosse encontrado o mais rápido possível. Uma hora atrás, nós o encontramos na lavanderia, desmaiado e com várias lesões. A impressão que temos é de que ele estava fugindo de alguma coisa que o assustou muito.

— Meu Deus! E como ele está agora? – perguntou Vera.

— Ele foi levado para o centro cirúrgico, pois constatamos uma vasta hemorragia na área do transplante. Pode ser algo simples, como ruptura de sutura, ou algo mais grave em relação à própria cirurgia.

— O que houve com ele? Ele parecia estar bem, na medida do possível, mas parecia bem melhor.

— Agora, só podemos aguardar as notícias que virão do centro cirúrgico. Os senhores podem esperar na sala reservada aos parentes dos pacientes. Qualquer coisa, por favor, podem me procurar, ficarei por aqui até terminar esse procedimento.

Caio e Vera se acomodaram na pequena recepção. Calados, olhavam um para o outro, e sabiam do tormento que ainda viveriam.

No início da tarde daquele dia, Ivan se aproximou de Otávio e falou com raiva:

— Você não serve para nada mesmo. Eu deixei algumas instruções bem simples: aquele outro veio aqui, eu vi isso acontecer, e explicou tim-tim por tim-tim o que você deveria fazer, e nada. Estou achando que é perda de tempo deixar meu coração no seu peito. Não sei por que os velhos fizeram isso! Eu sinto muita raiva de você. Eu odeio você! E quero meu coração de volta!

Ivan avançou sobre o doente com fúria e gritou enlouquecido:

— Devolve meu coração! Devolve meu coração!

Otávio, parcialmente desdobrado, amedrontado com a fúria de seu opositor, entrou em estado de pânico, arrancou os acessos do braço, levantou com dificuldade e muita dor no peito, e saiu correndo.

Corria sem parar, e Ivan o perseguia, gritando e xingando. Otávio tinha a impressão de ser tocado pelo espírito do perseguidor e batia em tudo o que encontrava pela frente. Ivan, enfurecido, mentalizava com ódio, enfiando a mão no peito do doente e arrancando o órgão transplantado. Otávio batia de frente contra a parede e, enfraquecido pela dor e pela hemorragia provocada pelo descontrole mental, desfaleceu.

Tentamos auxiliar os dois contendores, mas eles não percebiam nossa presença e não permitiam nossa aproximação. Entristecidos, mantivemo-nos afastados, mas com esperança de que um momento de lucidez visitasse a mente do infeliz.

Otávio estava ali, caído no chão frio, enquanto Ivan avançava sobre ele com fúria assassina e um número considerável de espíritos ignorantes se aproximavam e alimentavam os sentimentos torpes daqueles irmãos.

Aproximamo-nos de uma irmã trabalhadora encarnada daquela casa de socorro, a qual, receptiva à nossa aproximação, intuímos a procurar Otávio. Ela aceitou a sugestão e, em poucos instantes, o rapaz estava sendo socorrido.

Caio percebeu nossa aproximação e agradeceu por nosso auxílio e, naquele instante, a estranha criatura que insistia nas atitudes cruéis aproximou-se de nós. Caio alertou Vera e aconselhou-a a manter o pensamento elevado ao Pai Amado, pedindo que orasse em benefício de todos os envolvidos naquela trama. O infeliz espírito se aproximou da moça, tentando penetrar seu campo vibratório, ato rejeitado pela fé e boa vontade dela. Então, ele olhou para nós e disse, entredentes:

— Hoje é só mais um dia, tenho a eternidade à minha disposição. Vou esperar pelo momento oportuno e a levo comigo para sempre. E esse aí não vai resistir ao sofrimento de se ver afastado da traidora mais uma vez.

— O irmão não percebe o que está acontecendo? A cada dia eles se tornam mais fortes diante das adversidades da vida. A crença no processo de evolução do espírito os mantém longe das ideias ardilosas do amigo.

— Você não os conhece como eu os conheço. Sei do que falo, já vivi essa história mais de uma vez. Basta separá-los!

— Você não os conhece mais. A lembrança que você tem desses dois companheiros é antiga e já houve aprendizado, transformação de suas crenças e sentimentos. Eles viveram outras experiências que os auxiliaram a entender a si mesmos e a vida, nessa sequência lógica e ininterrupta de aprendizado. Apenas você vive essa mesma história, os mesmos fatos tristes que o mantêm preso na escuridão.

— Não me afronte! Você é muito jovem, ainda não sabe como as coisas funcionam por aqui.

— Então me ensine, e aceite que nós lhe mostremos coisas novas, que possam contribuir com sua evolução e retirá-lo desse panorama mental sombrio.

— Sei o que pretende com essa conversa, mas não vai conseguir nada. Deixe-me em paz! Ficarei aqui como uma sombra negra sobre suas vidas, apenas esperando o momento certo para envolvê-los em minha vontade.

— Também estaremos aqui, à espera do momento em que o irmão consiga enxergar além da própria dor.

Ele se afastou, agachou em um canto da saleta e ficou ali, atento a qualquer sentimento menos saudável de seus obsidiados. Em determinado momento, ele se levantou ligeiro e tentou entrar no corredor que leva ao centro cirúrgico, mas foi contido por equipes espirituais da casa.

Feliz, olhou para nós com cinismo e falou:

— Aquele já foi, morreu para o mundo dos encarnados, ele é meu.

Ivan se aproximou dele e falou, enraivecido:

— Você se engana, ele leva meu coração, então, ele é meu.

Os dois espíritos, em estado de fúria, engalfinharam-se em uma terrível luta corporal. Ainda tentamos intervir, mas mais uma vez nos ignoraram.

O médico saiu do centro cirúrgico, olhou para Vera e falou, consternado:

— Sinto muito, dona Vera, nós fizemos o possível, mas não conseguimos salvar a vida de Otávio.

Duas lágrimas escorreram pelos olhos da moça, e Caio, compadecido, abraçou-a com carinho.

Caio telefonou para o irmão e pediu ajuda. Imediatamente Orlando o atendeu, levando Vera para casa, enquanto Caio cuidava dos trâmites legais para a liberação do corpo para o velório e o enterro.

Vera chegou em casa ainda bastante emocionada. Pediu a Orlando alguns minutos para tomar um banho e se preparar para o intenso momento que viveria naquele dia. Sentou-se em sua cama e orou por Otávio, pedindo a Deus compaixão por ele, e para que os anjos do Senhor o acolhessem em um lugar de amor e refazimento.

Angustiada, lembrou-se do filho Hugo, sabendo que precisaria contar a ele sobre a morte do pai. Naquele instante, Vera ouviu um estrondo vindo da sala, correu para lá e Orlando, tranquilo, sentado no sofá, olhou para ela e perguntou:

— Você está bem? Está muito pálida.

— Eu ouvi um barulho horrível vindo daqui, parecia algo explodindo.

— Não aconteceu nada, fique tranquila.

— Desculpe, mas foi muito nítido será que foi o escapamento de um carro passando pela rua?

— Pode ter sido isso, sim.

Vera voltou para o quarto ainda impressionada com o que acabara de acontecer. Tinha certeza de ter ouvido um som muito alto que a assustou. Então, pensou: "Vou perguntar para a Cristina ou para o Caio se é possível que seja uma ação do mundo espiritual".

Orlando tomou seu telefone celular e ligou para Caio:

— Mano, precisamos de ajuda, acredito que Otávio já está por aqui. Vera ouviu um estrondo na sala e eu senti a presença de alguém com muita raiva.

— Acione os grupos de apoio da Casa Espírita e peça ajuda para nós. Você esclareceu para Vera o que está acontecendo?

— Não, quis falar com você antes, não sei exatamente o que ela entende da Doutrina dos Espíritos, e não gostaria de assustá-la ainda mais.

— Ela ainda não conhece a Doutrina Espírita o suficiente para chegar a uma conclusão sozinha, mas, se você esclarecer o assunto e explicar o que acontece, ela aprende com facilidade, como se estivesse apenas recordando os apostolados espiritistas.

— Ideias inatas, não é, meu irmão? Pode deixar, vou explicar a ela o que está acontecendo por aqui e alertá-la para manter o pensamento elevado aos ensinamentos de Nosso Mestre Jesus.

Otávio se encontrava no ambiente, bastante desequilibrado, perseguido por Ivan e seu companheiro de outras experiências. A luta mental entre os três continuava a atrapalhar a caminhada empreendida, a marcha evolutiva estagnada diante das dores não esclarecidas.

Orei por esses irmãos adoentados, lembrando-me de minhas próprias experiências em busca da felicidade, tão mal compreendida por nós, espíritos ainda ignorantes de nossa origem.

Vera, inconformada com o que acontecera há instantes, voltou à sala e questionou Orlando:

— Orlando, desculpe insistir, mas você não ouviu nada mesmo? Eu tenho certeza que isso aconteceu, e dentro desta sala.

— Sente um pouco aqui, por favor, vamos conversar.

Vera atendeu ao pedido do rapaz e sentou-se em uma poltrona à sua frente.

— Antes de falar com você eu telefonei para Caio, contei a ele a impressão que você teve. Ele disse que você tem muita facilidade de entender tudo o que é relacionado aos apostolados espíritas.

— É verdade, para mim o conhecimento espírita soa familiar, sinto que conhecia a Doutrina dos Espíritos, parece que estou recordando algo já vivenciado.

— Eu não percebi esse barulho que você falou, minha mediunidade, a maneira como eu percebo o mundo dos espíritos, está muito relacionada à sensibilidade, à intuição. Senti a atmosfera fluídica do ambiente se adensar e também percebi a presença de alguém com muita raiva. No mesmo instante você entrou na sala apavorada.

— A impressão que tive foi de algo explodindo, senti um cheiro muito ruim e um intenso mal-estar.

— Caio pediu que eu a alertasse sobre a presença de Otávio. Ele não aceitou auxílio dos espíritos melhores,

144 • Eliane Macarini / Espírito Maurício

está acompanhado por antigos companheiros, também desequilibrados. Sugiro que façamos a leitura de um texto d'*O Evangelho Segundo o Espiritismo*, talvez a "Prece por um inimigo que morreu".

Vera tomou o querido livro nas mãos, procurou o texto proposto por Orlando e passou à leitura:

67 – Prefácio – A caridade para com os inimigos deve acompanhá-los no além-túmulo. Devemos pensar que o mal que eles nos fizeram foi para nós uma prova, que pode ser útil ao nosso adiantamento, se a soubermos aproveitar. Pode mesmo ser mais útil ainda que as aflições de ordem puramente material, por nos permitir juntar, à coragem e à resignação, a caridade e o esquecimento das ofensas.

68 – Prece – Senhor, quiseste chamar de mim o espírito de Otávio. Perdoo-lhe o mal que me fez e as más intenções que alimentou a meu respeito. Possa ele arrepender--se de tudo isso, agora que não está mais sob as ilusões deste mundo. Que a Vossa misericórdia, meu Deus, se derrame sobre ele, e afastai de mim o pensamento de alegrar-me com a sua morte. Se também fui má para com ele, que me perdoe, como me esqueço do que tenha feito contra mim.

As lágrimas abundantes escorriam pelo rosto delicado da moça, que, emocionada, passou a conversar em voz alta com Otávio.

— Apesar de nossos desencontros, das mágoas, dos momentos de revolta e ira, você permitiu que eu tivesse a oportunidade de ser mãe de um espírito incrível e amoroso como nosso filho Hugo. Eu agradeço a você por esse presente de amor. Eu desejo com os mais puros sentimentos que meu coração possa alimentar que você entenda isso. Eu quero que você encontre paz e felicidade no mundo dos espíritos, que você possa compreender que essa é mais uma oportunidade que Deus lhe oferece. Aceite auxílio, estenda suas mãos aos amigos que o cercam com tanto carinho, e viva com dignidade e compreensão de suas possibilidades de evoluir e ser a cada dia melhor. Que Deus possa atendê-lo nas necessidades do momento.

Orlando, emocionado com a mudança de padrão energético que os envolvia durante a prece proferida com tanto carinho, terminou o momento de doação amorosa à Otávio com a prece que nosso mestre Jesus nos ensinou.

Otávio sentiu-se enfraquecer, enquanto Ivan e o temível opositor da vida se enfureciam contra Orlando e Vera, pois perceberam que não conseguiriam realizar seus nefastos propósitos e, enraivecidos, atiraram-se sobre o triste amigo, que, perturbado, deixou-se arrebatar pelos antigos companheiros de desajustes morais.

16
O VELÓRIO

Vera precisava contar ao filho o que havia acontecido, então tomou o telefone e ligou para a casa de Cristina. Basílio atendeu:

— Tudo bem com você? – perguntou o rapaz, com carinho.

— Está sim, Basílio, obrigada. E como está Hugo?

— Ele e Ester estão fazendo lição. Não falamos nada para ele ainda.

— Eu preciso fazer isso, posso ir até aí?

— Lógico, Vera. Venha, sim, estaremos aqui para auxiliá-la no que for necessário.

— Mais uma vez, eu não tenho como agradecer o suficiente pela bondade de vocês.

— Não se preocupe, tenho certeza de que no dia em que precisarmos você fará o mesmo por nós. Somos amigos, e isso importa muito.

Sempre há vida • **147**

Logo Vera adentrava a casa dos amigos, seguida por Orlando. Hugo, feliz, correu para abraçar sua mãe. Intrigado, olhou para o rosto dela e perguntou:

— Está tudo bem, mamãe?

— Nós precisamos conversar sobre seu pai, meu filho.

O menino observou com atenção os olhos de Vera e de repente olhou por sob o ombro da moça e afirmou em um fio de voz:

— Meu pai morreu.

— Morreu, sim, meu filho. Como você sabe?

— Ele está aqui, e muito bravo, eu o vejo atrás de você, e também dois outros mortos muito feios.

— Está tudo bem, meu amor. Ele está sendo amparado pelos espíritos que socorrem aqueles que morrem e não aceitam esse fato.

— Mas... ele não quer e está muito bravo, eu estou com medo.

Orlando se aproximou do menino, colocou a mão sobre o ombro de Vera e pediu com tranquilidade:

— Posso conversar com Hugo?

Vera fez um sinal afirmativo com a cabeça e se afastou.

— Está tudo bem, Hugo. Seu pai ainda está confuso com tudo o que aconteceu, e está precisando de nossa ajuda. Vou propor a todos que façamos uma prece com muito carinho por ele e por esses outros irmãos que o acompanham, está bem?

— Mas eles parecem ser muito, e quando falamos que vamos rezar eles riem e ficam mais bravos ainda.

— Você tem frequentado a evangelização infantil, não tem?

— Tenho, sim.

— Então, tem ouvido falar sobre ser bondoso e caridoso, não é?

O menino fez um sinal afirmativo com a cabeça, e ficou atento às palavras de Orlando.

— Esse é o momento certo para fazer isso, ter caridade para com aquele que sofre. Seu pai e seus amigos estão sofrendo porque não entendem o que é a bondade, e somente com muito amor e paciência nós poderemos ajudar. E não devemos temer aqueles que ignoram as coisas boas da vida, e sim ter compaixão por eles. Você aceita se juntar a nós numa prece de caridade aos aflitos?

Hugo ergueu os olhos e, emocionado, falou:

— Eu vou orar pelo meu pai, ele parece muito triste.

O pequeno grupo se uniu em uma doce prece em socorro aos desencarnados, que, aflitos e amedrontados diante da luminosidade dos corações compadecidos, irradiavam uma sublime energia refazedora.

Caio chegou à casa dos amigos naquele instante, presenciou a adorável cena de caridade e pensou, feliz: "Senhor Deus Pai, obrigado por ter permitido a mim, seu filho pródigo, a possibilidade de enxergar esse mundo maravilhoso através da mediunidade".

Vera levantou os olhos, percebeu os sentimentos que visitavam a mente do amigo querido e sorriu para ele com carinho.

Após a prece, a atenção de todos se voltou para o recém-chegado. Cristina convidou as crianças a acompanhá-la e ajudar a preparar uma sopa para todos.

— Está tudo certo. O corpo de Otávio deve chegar ao velório daqui a três horas. O encarregado falou que a sala fica aberta até meia-noite, depois eles fecham e volta a ser aberta às seis horas da manhã.

— Eu pensei que ficasse aberta durante a noite toda – comentou Basílio.

— Até pouco tempo ficava, mas houve algumas invasões por parte de marginais, com a intenção de assaltar os que velavam os desencarnados, então a administração resolveu dessa forma, por medidas de segurança – respondeu Caio.

— Que absurdo! Num momento de sofrimento, em que as pessoas vivem terríveis conflitos, não há respeito – comentou Orlando.

— Eu vou ajudar Cristina com a sopa, assim nos alimentamos e vamos para o velório. Caio, obrigada por tudo que tem feito por nós. Num dia como o de hoje, acredito que não saberia como agir. Muito obrigada em meu nome e de meu filho – falou Vera com a voz embargada.

— Não se preocupe, estamos aqui como uma família, a verdadeira família, a espiritual. E uma família deve estar unida nesses momentos. Estarei com vocês para o que for necessário, está bem?

Uma lágrima rolou pelo rosto pálido de Vera. Ela fez um sinal com a cabeça, saiu da sala e foi ao encontro da amiga. Quando entrou na cozinha, Cristina a observou e falou com serenidade, abraçando a amiga:

— Mais um dia, minha amiga, apenas mais um dia para vencer temerosas limitações. E, ultimamente, você tem mostrado que está preparada para isso.

Após se alimentarem, Caio, Vera e Basílio se dirigiram para o velório. O corpo de Otávio ainda não tinha chegado. Eles ficaram em oração, e vez ou outra trocavam impressões sobre o local ou seus sentimentos.

Finalmente, um carro fúnebre estacionou ao lado da sala destinada ao velório. O corpo foi retirado e acomodado sobre cavaletes próprios. O senhor que procedia à preparação abriu o caixão, acomodou algumas flores e se despediu, informando que o enterro seria realizado às oito horas da manhã.

Vera se aproximou serena, olhou para o rosto do marido e orou por ele. Observando a expressão dura e sofrida, de insatisfação e frustração, pensou, angustiada: "Se eu tivesse conhecimento sobre a vida e a necessidade de entendermos as limitações de todos nós, um conhecimento ainda pouco e frágil, mas que teria mudado minha reação em relação ao comportamento de Otávio, se eu não tivesse sido sufocada pela autopiedade e pelo medo e olhado para ele como precisava para ser mais firme e forte, respeitando meus direitos e cumprindo meus deveres como espírito, talvez nada disso tivesse acontecido".

Caio olhou para a moça e percebeu que estava procurando justificativas para aquele triste desenlace, e então, sereno, aproximou-se dela, tocando de leve seu braço.

— Hoje você agiria de forma diferente, com mais serenidade e firmeza, pois passou por um processo de aprendizado, que aconteceu pela dor vivenciada. Não queira voltar no tempo e analisar suas atitudes com a visão da situação que tem hoje, pois isso não vai funcionar de forma positiva. Essa introspecção funciona como aprendizado reflexivo, buscando melhores formas de reagir às circunstâncias que vivencia a partir de hoje, visando seu crescimento evolutivo.

Vera olhou para ele e falou, entristecida:

— Gostaria de tê-lo ajudado um pouco mais. Estou tão feliz hoje com tudo que venho aprendendo. Se tivesse esse conhecimento antes, teria tomado atitudes diferentes.

— Mas você não tinha chegado a essa etapa de sua vida. Nunca reagiu com maldade às atitudes desequilibradas de Otávio, cheias de raiva e agressividade, não é? Isso já demonstra a sua evolução moral baseada no amor e no perdão.

— Eu nunca amei meu marido. Ele foi, durante um tempo muito curto, apenas uma esperança frustrada precocemente.

— Apesar de tudo que vivenciou com ele, sempre o respeitou e cuidou dele conforme ele permitia.

— E agora, Caio? O que posso fazer por ele?

— Orar com carinho por aquele que ainda desconhece a luz e alimenta as sombras em sua mente, viver

152 • Eliane Macarini / Espírito Maurício

com dignidade e esperança no futuro. Cuidar de seu filho, um espírito amoroso e bondoso, para que ele tenha todas as oportunidades possíveis de levar essa encarnação de maneira produtiva para o espírito.

— E Hugo? Devo trazê-lo aqui para se despedir do pai?

— Converse com ele, explique como é um velório, e depois o questione sobre sua vontade.

— Está bem, vamos orar?

— Vamos, sim.

Vera, Basílio e Caio passaram a orar com as melhores intenções. Otávio se aproximou e, curioso, passou a ouvi-los. Sentiu certo torpor, um sono profundo que parecia enfraquecê-lo e, assustado, saiu rápido e trôpego da sala. Seus pretensos contendores o esperavam na saída e, cínicos, o afrontaram:

— Que foi, bebê? Cedendo ao palavrório falso desse povo que o trai faz muito tempo?

Otávio olhou para os dois e falou com desânimo:

— Não me amolem mais, estou triste e perdido neste mundo maluco para onde vim. Se estou morto, por que ainda sofro? Por que ainda estou aqui, falando, andando, esfomeado, com sede e dores? Devo ter sido muito ruim para merecer esse castigo.

— Você pode ficar aí, depressivo e se lamentando por toda a eternidade, ou resolver aprender a viver por aqui, fazendo o quer e se vingando dos traidores. Seja meu serviçal, eu posso te ensinar. Depois que cumprir sua parte comigo, eu te liberto e você vira mestre – disse o amigo que insistia em viver no anonimato.

Sempre há vida • **153**

— Não ouça o que esse malandro fala, ele o quer como escravo, para se vingar. Fique comigo, nós podemos somar nossas forças – falou Ivan com sarcasmo.

— Agora não quero nem um nem o outro. Quero ficar só – pediu Otávio.

— Essa é uma opção que não existe, eu tomo conta de tudo. – E, olhando para Ivan, propôs: – Vamos ser aliados por enquanto, depois dividimos os restos desse animal. Vamos aprisionar esse traidor e fazer com que se arrependa de tudo que andou aprontando conosco.

— Conosco? O que ele fez para você? – questionou Ivan.

— Só para mim? Para nós dois – respondeu o outro, com raiva.

— Você me conhece? De onde? – perguntou Ivan, desconfiado das intenções do outro.

— Você não se lembra de nada? Nada mesmo? Cheguei a pensar que você estava fingindo, afinal, nunca foi muito de confiança – respondeu de má vontade.

— De você, não, nunca o vi na vida. Estou atrás dele porque roubou meu coração e eu não permiti nada. Aqueles velhos intrometidos se acharam no direito de dispor de meu corpo como se fosse lixo.

— Pelo que sei, outros órgãos foram doados, por que você se importa só com esse? Já pensou nisso? – questionou o outro.

— Nunca quis saber para quem foi o resto, mas quando vi meu coração no peito desse aí fiquei furioso, é... você tem razão, isso é esquisito – respondeu Ivan.

— Nós temos que conversar, você vai adorar lembrar algumas coisas, e eu vou ter prazer em te ajudar a recordar – respondeu o outro com sarcasmo.

Ambos se arremessaram sobre Otávio, imobilizaram-no e, alegres, aprisionaram-no.

17
O APOIO DOS AMIGOS

Vera conversou com Hugo pelo telefone, explicou minuciosamente o que estava acontecendo e, por fim, perguntou ao menino se ele gostaria de se despedir do pai.

— Mãe, se eu não for, minha prece por ele terá menos valor?

— Claro que não, meu amor, o que importa é a intenção com que fazemos as coisas. Suas preces serão de grande valia ao seu pai, mesmo se feitas a distância, afinal, o espírito dele não mais se encontra junto ao corpo material, ele está onde houver afinidade moral.

— Não quero ir, vou pedir à tia Cristina que leia uma parte d'*O Evangelho* comigo e com a Ester, está bem?

— Como você quiser, meu filho.

À meia-noite, um senhor muito educado os informou sobre a necessidade de fechar o prédio e os convidou a sair.

Os três amigos ganharam a rua, e Caio propôs que tomassem um lanche antes de voltarem a suas casas, mas Vera, muito cansada, agradeceu o convite e recusou.

— Desculpem, estou muito cansada e gostaria de dormir um pouco, mas, se vocês estiverem com fome, eu posso fazer alguma coisa em minha casa.

— Não se preocupe, Vera, eu pensava principalmente em você, que não se alimentou de maneira correta durante todo o dia – compreensivo, Caio a tranquilizou.

— Prometo tomar um leite antes de dormir, pois algo mais pesado me faria mal.

— Está bem, passo na sua casa às seis da manhã, está bem? – perguntou Caio.

— Não precisa, Caio. Você mora perto do velório, eu mesmo levo Vera até lá e permaneço com vocês até o horário do enterro – ofereceu Basílio.

— Está combinado, encontro com vocês lá. Boa noite e durmam em paz – despediu-se Caio.

Hugo já estava dormindo e Cristina aconselhou a amiga a deixá-lo com ela, como também a dormir em sua casa.

— Obrigada, Cris. Quero tomar um banho antes, eu estou bem e ficarei bem, não se preocupe, não temo nada em relação a Otávio. Fiz o melhor que pude no momento e estou tranquila quanto a isso.

— Está bem, querida. Caso precise de nós, aqui está uma cópia da chave da porta da frente, está bem? Leve com você.

Sorrindo, Vera abraçou a amiga e falou emocionada:

— Amo você! E sou muito feliz por você e sua família serem meus amigos. Muito obrigada por tanta atenção e carinho.

Então, a moça tomou um banho rápido, deitou em sua cama e adormeceu. Acordou com o barulho do despertador, agradeceu a Deus pela noite de sono e pelo descanso necessário. Trocou de roupa, fez um pouco de café, sentou-se à mesa da cozinha e separou uma fatia de pão com manteiga e queijo, lembrando da necessidade de manter sua alimentação saudável, pois agora ela era só e tinha um filho para criar. Lembrou-se de Caio e sorriu, pensando na bondade e carinho com que ele a tratava e a seu filho. Então, ficou angustiada: "Senhor Pai, será que estou pecando ao pensar em Caio dessa maneira? Meu marido está lá, dentro de um caixão, e eu aqui pensando em outro homem". Pesadas lágrimas escorreram por seu rosto.

Aproximei-me dela e a confortei com palavras de carinho e serenidade:

— Querida amiga, o amor e o carinho nos conquista o coração carente. O afeto preencheu as lacunas deixadas pelo descaso e pelos maus-tratos. Você sempre respeitou seu acordo nupcial com fidelidade e dignidade. Lutou contra seus sentimentos em benefício de Otávio e o acompanhou mesmo quando ele a espezinhava. Sossegue seu coração! Você deve reflexionar sobre seus merecimentos diante da vida.

Vera suspirou e falou alto:

— Não, não vou permitir que esses pensamentos infelizes me deprimam o ânimo. Sei que sempre agi de forma correta. Eu amo, sim, o Caio, mas nunca permiti que esse sentimento me levasse a uma situação de infidelidade.

Levantou-se da cadeira, terminou de se arrumar e saiu para a rua. Basílio estava abrindo a porta e sorriu para a moça:

— Vamos lá, minha irmã do coração? Um bom dia para todos nós. Vamos orar por Otávio e pedir a Deus que ele possa enxergar luz no seu caminho, redescobrindo, dessa forma, a sua própria origem.

— Caio já me falou disso: redescobrir a minha origem, mas confesso que ainda é tudo confuso para mim.

— Nossa origem é divina, a criação nos presenteou com o destino para a perfectibilidade. Andamos trôpegos por esse caminho, mas também tomamos alguns atalhos que nos pareceram atraentes em determinados momentos de nossas múltiplas vivências, nos dois planos. Devemos redescobrir nossa origem e voltar a acreditar que podemos ser a cada dia melhores para nós mesmos, permitindo a evolução de forma mais harmônica com nossa condição, sair do atalho e tomar o caminho reto em direção à casa do Pai – respondeu Basílio.

— Meu irmão querido, não sei o que seria de mim se vocês não fizessem parte de minha vida, principalmente nestes últimos tempos, tão conturbados – disse Vera, abraçando fraternalmente o amigo.

Otávio, que havia fugido de seus infelizes companheiros, observava-os e, enraivecido, tentou penetrar o campo vibratório dos dois. Depois de algumas tentativas, exausto pelo esforço, sentou-se na calçada com o rosto entre as mãos e, ainda enfurecido, gritou:

— Eu os odeio! Eu os odeio!

Vera estremeceu, e Basílio, percebendo a densa vibração que se aproximava, alertou a amiga:

— Apenas ore! Apenas ore!

Chegando ao prédio que abrigava o velório, logo avistaram Caio, que veio ao encontro dos dois.

— Bom dia, Vera! Bom dia, Basílio! Meus irmãos devem estar chegando. Já conversei com o encarregado do enterro; está previsto para as oito e meia.

— Não é muito cedo? – questionou Vera.

— Pelo que entendi, é o tempo-limite para que não se perceba nada em relação à decomposição do corpo. Otávio esteve muito doente, e isso interfere no fenômeno – respondeu Caio.

— Caio, você possui vidência, não é? – perguntou Vera.

— Tenho, sim, manifesto essa mediunidade até mesmo com certo equilíbrio, graças aos estudos constantes da Doutrina dos Espíritos e à prática no bem.

— Você consegue perceber se Otávio está bem? Se já foi socorrido?

— O que importa neste momento inicial, após o desligamento total entre corpo material e físico, é emanarmos energia de amor e serenidade para o desencarnante. Sabemos que Otávio tinha uma visão distorcida da própria vida, então, ele deve estar confuso e sentindo certa revolta, mas esse estado de sofrimento é que o fará procurar luz e sair das trevas da própria mente. – falou Caio.

— Caio tem razão! Não nos preocupemos em buscar informações desnecessárias, mas agucemos nossa percepção das necessidades de todos os envolvidos através da análise simples e verdadeira dos fatos que observamos e vivenciamos com ele, e serenos busquemos auxílio para que ele possa encontrar a sua própria luz. Afinal, essa é a única forma de nos furtarmos da ignorância – completou Basílio.

A sala de velório que abrigava o corpo de Otávio estava vazia. Apenas os três amigos, sentados de cabeça baixa e orando, acompanhavam esses momentos ainda considerados dolorosos.

Ineque e Vinicius vieram se juntar a mim e a outros espíritos socorristas que andavam por ali para auxiliar aqueles que aceitavam nossa aproximação. Os dois amigos nos cumprimentaram amorosos e nos avisaram que o mentor espiritual de Otávio conseguira entrar em sintonia vibratória com ele, e em breve o traria para um momento de prece e reflexão.

Levantei os olhos e o vi chegando ao ambiente fúnebre. Otávio estava nervoso e visivelmente amedrontado.

Caetano, seu companheiro espiritual, auxiliou-o na aproximação de seu corpo inerte. Notamos que ainda havia uma ligação tênue entre o corpo perispiritual e o material. Otávio, relutante, olhou para dentro do caixão, e lágrimas de dor vieram aos seus olhos.

— O que eu fiz? – questionou a si mesmo, bastante emocionado.

— O que deu conta de fazer, meu amigo. Hoje é uma nova oportunidade de recomeçar da forma correta, pois já deve ter percebido que a morte como a entendia não existe. Você está aqui, lúcido e vivo, e seu aprendizado continua. Dependerá apenas de você, de sua escolha, se a continuação da vida será de resgates enriquecedores a caminho da claridade espiritual ou de dor e sofrimento, mantendo as sombras que o rodeiam há tanto tempo.

Otávio calou-se, abaixou a cabeça e murmurou:

— Nem mesmo meu filho veio se despedir de mim?

— Autopiedade, Otávio? Hugo é apenas uma criança, que ora por você da maneira como dá conta, e pode acreditar, querido amigo, que as preces que ele profere são puras como a claridade matinal e sinceras, pois se originam num coração amoroso. Assim como também o que vem dessas mentes que o visitam na hora da despedida. Aproxime-se de Vera, Basílio e Caio, você mesmo poderá sentir esse bálsamo de amor e perdão.

— Não sei se quero me certificar desse fato. E depois? Como deverei agir?

— Não se preocupe quanto a isso, nossa mente acaba por refletir sobre nossos sentimentos, e a adaptação à nova forma de pensar se torna natural.

Naquele momento, um rapaz demonstrando perícia na tarefa acabou por eliminar o último elo de ligação entre matéria e perispírito. Otávio cambaleou e aflito questionou:

— O que fazem comigo? Estou sentindo muita fraqueza, sinto que vou desmaiar.

A família de Caio chegou ao velório e se juntou ao pequeno grupo. Basílio se aproximou do caixão e convidou todos para uma prece em benefício do desencarnante. Otávio olhou para mim e reclamou em prantos:

— São estranhos, somente estranhos, nem mesmo um amigo verdadeiro para me homenagear.

Ivan e o outro se aproximaram e, rindo alto, disseram:

— Mas nós estamos aqui, apenas esperando pela sua rendição.

Otávio olhou para eles amargurado, soltou se de nossos braços, deixou-se levar pelos dois impostores, nos fitou e falou, com lágrimas nos olhos:

— Ainda não consigo compreender o que falam; primeiro, porque não mereço o que me oferecem, e segundo, porque ainda é mais atraente o que esses dois me propõem.

— Não importa, apenas guarde em suas lembranças os momentos que passamos juntos, e basta pedir por auxílio aos trabalhadores de Cristo. Isso bastará para o início de uma nova caminhada. Vá acompanhado de nossas mais sinceras vibrações de amor!

18
A RESISTÊNCIA DE VERA

Finalmente, o corpo foi enterrado. Apesar de estarem apenas no velório havia poucas horas, todos saíram de lá exaustos, sentindo como se estivessem acordados e sem alimentação há bastante tempo.

— Preciso ir ao encontro de Hugo, estou preocupada com ele – disse Vera.

— Acabei de falar com Cristina, ele está bem, acordou tranquilo, e eles já oraram por Otávio. Agora esperam todos nós para um café da manhã.

O convite foi aceito e o grupo se dirigiu à casa de Basílio. Sentadas em volta da mesa, as pessoas conversaram sobre assuntos edificantes, sentindo-se renovadas. Ao final da refeição, Caio sugeriu que fizessem uma pausa para O Evangelho Segundo o Espiritismo. Cristina buscou sua cópia e abriu o livro ao acaso, no capítulo XXIV, itens 17 a 19:

Bem ditosos sereis, quando os homens vos odiarem e separarem, quando vos tratarem injuriosamente, quando repelirem como mau o vosso nome, por causa do Filho do Homem. – Rejubilai nesse dia e ficai em transportes de alegria, porque grande recompensa vos está reservada no céu, visto que era assim que os pais deles tratavam os profetas (S. Lucas, cap. VI, vv. 22 e 23).

Chamando para perto de si o povo e os discípulos, disse-lhes: "Se alguém quiser vir nas minhas pegadas, renuncie a si mesmo, tome a sua cruz e siga-me; porquanto, aquele que se quiser salvar a si mesmo, perder-se-á; e aquele que se perder por amor de mim e do Evangelho se salvará". – Com efeito, de que serviria a um homem ganhar o mundo todo e perder-se a si mesmo? (S. Marcos, cap. VIII, vv. 34 a 36; S. Lucas, cap. IX, vv. 23 a 25; S. Mateus, cap. X, vv. 38 e 39; S. João, cap. XII, vv. 25 e 26).

"Rejubilai-vos", diz Jesus, "quando os homens vos odiarem e perseguirem por minha causa, visto que sereis recompensados no céu". Podem traduzir-se assim essas verdades: "Considerai-vos ditosos, quando haja homens que, pela sua má vontade para convosco, vos deem ocasião de provar a sinceridade da vossa fé, porquanto o mal que vos façam redundará em proveito vosso. Lamentai-lhes a cegueira, porém, não os maldigais".

Depois, acrescenta: "Tome a sua cruz aquele que me quiser seguir", isto é, suporte corajosamente as tribulações que sua fé lhe acarretar, dado que aquele que quiser salvar a vida e seus bens, renunciando-me a mim, perderá as vantagens do reino dos céus, enquanto os que tudo houverem perdido neste mundo, mesmo a vida, para que a verdade triunfe, receberão, na vida futura, o prêmio da coragem, da perseverança e da abnegação de que deram prova. Mas, aos que sacrificam os bens celestes aos gozos terrestres, Deus dirá: "Já recebestes a vossa recompensa".

Todos comentaram a belíssima lição de amor, agradecendo pela oportunidade de estarem juntos, auxiliando uns aos outros. Ivan e o outro, que os haviam seguido, mostraram estranheza diante do quadro amigável que presenciaram, sentindo-se incomodados pela psicosfera do ambiente.

— Vamos embora daqui. Esse bando de trouxas, carneiros ajoelhados diante das imposições desses daí, anda me irritando. Vamos embora! – falou o outro puxando Ivan para fora da casa.

Alguns dias se passaram. Cristina e Vera voltaram ao trabalho, a cantina já estava pronta e servindo aos clientes excelentes refeições, de qualidade e sabor agradável. A parte prática da vida estava sob controle. Vera conseguia pagar as contas do mês e ainda poupava um pouco pensando na época de faculdade de Hugo, mas, emocionalmente, sentia como se não tivesse mais direito a nada. Cada vez que pensava em Caio, a culpa vinha e a arremessava em um delicado estado de remorso e medo. Hugo, apesar de se mostrar bastante ativo durante o dia, à noite dormia mal e acordava gritando.

Vera estava na cantina atendendo uma cliente quando esta a interpelou e questionou:

166 • Eliane Macarini / Espírito Maurício

— Você parece triste e muito cansada, eu posso ajudar em alguma coisa?

— Não é nada, não, só que, após a morte de meu marido, tudo parecia entrar nos eixos, cada coisa em seu lugar, mas agora está muito esquisito, parece que nada dá certo, e quando me questiono, não há do que reclamar, mas estou insatisfeita, com medo e insegura, e percebo que meu filho sente a mesma coisa.

— O dono da academia é espírita, você sabia? Ele não pode ajudá-la? Porque me parece que vocês sofrem alguma influência espiritual.

— Já pensei nisso, mas ele já nos ajudou muito nos últimos meses, e não quero incomodar mais.

— Eu tenho uma amiga que indico quando alguém precisa ser ajudado dessa forma. Ela não frequenta centro, pois não se adaptou em nenhum, parece que o pessoal acaba com inveja da mediunidade dela, afinal, ela vai ficando famosa, pois é vidente e faz grandes revelações às pessoas, então, ela decidiu trabalhar sozinha. Tem um quartinho na casa dela mesmo, e ali ela faz a sua caridade.

— Eu preciso pagar alguma coisa?

— Não, mas se quiser ajudar com uma pequena contribuição, eu acho justo, porque ela parou de trabalhar para fazer essa caridade às pessoas.

— Vou falar com Cristina, quem sabe ela não vai comigo?

— Não pode falar nada a ninguém, ela só atende quem os amigos indicam; teme que sua porta vire ponto de peregrinação.

— Tá certo, eu vou pensar no assunto e depois te falo, está bem?

— Combinado, estarei por aqui depois de amanhã.

Otávio, Ivan e o outro presenciaram a conversa e, animados, propuseram-se a se aproveitar daquela situação.

— Você vai atrás dessa daí e descobre quem é essa vidente, depois eu dou um jeito de usar isso para pegar essa aí. – O outro instruiu Ivan, e, continuando, falou a Otávio: – Você fica com a traidora, tá na hora de colocar nosso plano em prática.

Vera sentiu forte mal-estar, empalideceu, e sentou-se em uma cadeira. Naquele momento, Caio entrou na cantina e a observou. Ele andava preocupado com Vera, pois ela não era mais a mesma pessoa, sempre se esquivando de uma conversa ou mesmo de um gesto de carinho.

— Bom dia, Vera! Você está bem?

— Bom dia, Caio! Estou bem e você?

— Você parece pálida, tem se alimentado como indicou a nutricionista?

— Não se preocupe, não estou jogando fora a sua ajuda – respondeu a moça com rispidez.

Caio a observou e teve certeza de que algo estava errado.

— Posso te fazer um convite?

— Pode, sim, e eu vejo se posso aceitá-lo.

— Hoje temos atendimento fraterno no centro, venha comigo!

— Não vai dar, eu já tenho compromisso.

— Está bem, o convite vale para outros dias também. Quando você achar que pode me acompanhar, é só pedir, está bem?

— Está, sim, mas agora preciso trabalhar, você quer alguma coisa?

— Um suco de laranja, por favor.

Caio sentou-se e, discreto, passou a observar Vera e pensou: "Ela está envolta em densas sombras, eu não consigo visualizar mais que isso, vou pedir ajuda no centro".

Enquanto isso, Vera decidiu que precisava de ajuda. Estava para ceder ao carinho de Caio, e não poderia fazer isso. Quem sabe aquela amiga de sua cliente não saberia como fazer isso, fazê-la esquecer Caio e se afastar dele? Naquele momento o telefone da cantina tocou e ela atendeu. Era a moça oferecendo um horário vago, já que, preocupada com a expressão de sofrimento de Vera, tinha tomado a iniciativa de conversar com a amiga vidente:

— Vera, falei com a Tácita, minha amiga vidente, lembra? Contei seu caso, adiantando ser bastante grave, e ela disse que pode falar com você hoje à noite, às oito horas, tudo bem?

— Tudo, só preciso arrumar as coisas em casa, mas estarei pronta.

— Não conte nada a ninguém, eu pego você em sua casa e fico esperando do lado de fora, está bem?

— Certo, a que horas você me pega?

— Passo em sua casa às sete horas, a casa dela é longe.

— Nossa! Quanto trabalho estou dando a você, mas já me inscrevi para tomar aulas de direção e fazer o exame para conseguir a habilitação.

— Isso mesmo, tem que se tornar independente.

Desligando o telefone, Vera sentiu-se melhor, afinal, estava procurando uma solução para seus problemas.

Otávio se aproximou dela e pensou: "Se essa mulher é mesmo o que diz, posso ter a oportunidade de falar o que penso sobre tudo que vem acontecendo, afinal de contas, ela é minha mulher, e vou retomar o controle da situação".

Ivan e o outro se aproximaram de Otávio e, felizes com a ideia, passaram a colaborar com o plano infeliz, que mais e mais os comprometeriam perante as leis naturais.

19
UMA AJUDA DO MAL

Na hora combinada, Bete, a moça que oferecera ajuda a Vera, passou para levá-la ao destino combinado. Durante o trajeto, foram conversando e trocando ideias.

— Como é esse atendimento? – perguntou Vera.

— Você vai entrar sozinha, ela não gosta que outras pessoas participem da conversa, pois diz que dá interferência na comunicação com os espíritos que estão por lá para ajudá-la. Eu fico cuidando do Hugo – respondeu Bete.

— Eu preciso contar alguma coisa, fazer algo para ajudar? Eu quero pagar, quanto eu dou para ela? – questionou Vera.

— Ela vai fazer algumas perguntas a você, apenas o necessário para entrar em sintonia com os espíritos e eles saberem do que se trata. Geralmente, quando eu me consulto com a Tácita, deixo uma ajuda de cem reais. Sei de pessoas que doam até mil reais, mas eu não posso fazer isso, não tenho condições financeiras – respondeu Bete.

— Mil reais? E o que ela faz com essas doações? Ela tem alguma causa social? Ajuda alguma instituição de caridade ou pessoas carentes? – questionou Vera meio desconfiada.

— Ela não faz propaganda da caridade que faz. Uma vez eu perguntei sobre isso e ela me respondeu que a mão direita não deve saber o que a esquerda faz; então, tive a certeza de que ela é bastante humilde e não quer fazer propaganda do bem que anda fazendo – respondeu Bete.

Hugo estava quieto, prestando atenção na conversa das duas moças. Apesar da pouca idade, achava esquisitas as respostas de Bete aos questionamentos de sua mãe, e então resolveu falar:

— Mãe, você lembra quando nós ajudamos a confeccionar pizzas lá no centro, e o dinheiro do lucro era para a creche que eles ajudam, não é?

— É, sim, meu filho.

— O Caio disse que a divulgação desse trabalho era muito importante, porque as pessoas saberiam da existência da creche, não é?

— Foi, sim, Hugo, mas o que você quer dizer com isso?

— Por que essa mulher que você vai ver agora esconde as pessoas que ajuda? Se ela conhece tanta gente que pode ajudar, por que ela também não faz a divulgação. Assim, mais pessoas podem cooperar.

172 • Eliane Macarini / Espírito Maurício

Bete, agitada e incomodada com o rumo da conversa, interrompeu o garoto e falou:

— Seu filho está muito mal-educado, interrompendo assim nossa conversa e dando palpites sobre o que não entende.

Vera ficou constrangida e respondeu:

— Desculpe, mas Hugo é inteligente, e o que ele falou é coerente, você não acha?

Algumas entidades ligadas ao núcleo de trabalho de Tácita, já os acompanhando de perto havia algum tempo, aproximaram-se de Vera, conseguindo com facilidade penetrar seu campo vibratório. Um senhor de aparência sinistra se aproximou com malícia e disse ao ouvido de Vera:

— Então, apesar da ajuda que está recebendo, ainda questiona a bondade de sua amiga e de nossa consultora? Ficará sozinha, abandonada, sem ninguém. Pense na solidão de dias e dias sem recursos para se defender. Faça uma escolha inteligente desta vez.

Vera sentiu-se mal, parecia perdida em uma densa neblina. Não conseguia ouvir um único som, sentir uma leve brisa, como se estivesse isolada, abandonada. Tentou orar e não conseguiu, sentiu raiva de Hugo; por que ele havia desacreditado uma pessoa tão boa, que queria ajudá-los? Enraivecida, virou-se para trás e, segurando com violência a mão do menino, falou entredentes:

— Cale essa boca, não quero ouvir mais sua voz. Você está sendo mal-educado e mal-agradecido. Peça desculpas a Bete.

Hugo, assustado com a reação de sua mãe, balbuciou um pedido de desculpas, começou um choro silencioso e pensou, aflito: "Ela está parecida com meu pai, será que ele está ao lado dela de novo? Estou com medo!".

Finalmente o carro estacionou em frente a uma casa de grande porte. Bete saiu do carro, tocou a campainha. Uma senhora uniformizada abriu o portão e cumprimentou todos com alegria.

— Entrem! A senhora Tácita os espera.

A empregada conduziu-os pela lateral da casa até uma sala de espera. Abriu uma porta e conversou com Tácita, que veio ao encontro de Vera e a convidou para entrar.

— Boa noite, minha querida. Sente-se, fique à vontade e conte o que a incomoda.

— Minha vida sempre foi complicada, sempre fui muito sozinha. Encontrei Otávio, meu falecido marido, e acreditei que a partir dali teria uma família, uma pessoa para cuidar e também para ser cuidada, mas Otávio era um homem irascível: no começo era apenas ciúme, mas depois ele foi ficando violento e passou a me bater. Nasceu Hugo, uma adorável criança que trouxe muita alegria para minha vida, mas ele é diferente, e isso também irritava Otávio. As coisas foram ficando cada vez mais difíceis, até que ele adoeceu gravemente, ficou internado por muito tempo, fez transplante de coração, mas não conseguiu sobreviver, pois estava muito descontrolado emocionalmente e foi diagnosticado com uma doença do humor. Nesse meio-tempo conheci Caio, um rapaz muito amável, que me ajudou

174 • Eliane Macarini / Espírito Maurício

bastante, e eu acabei me apaixonando por ele. Desculpe, eu estou confusa com tudo isso, nem sei o que estou fazendo aqui.

— Não se preocupe! Estou aqui para ajudar. Seu marido, apesar do gênio difícil, era um homem de bem e a amava muito, não é mesmo?

— Não sei mais quem era Otávio, está muito difícil conciliar as diferentes fases de meu casamento. Não acredito que Otávio tivesse a capacidade de amar verdadeiramente alguém. Ele estava sempre insatisfeito ou bebendo até cair.

— Querida menina, nem sempre o que vemos ou expressamos em nossas atitudes é o que realmente somos ou sentimos. Seu compromisso nessa encarnação é com Otávio e mais ninguém. Caso desvie desse caminho, você sofrerá situações extremamente conflitantes. Pelo que posso observar, é isso que a traz aqui. Apesar de estar atraída por esse rapaz, você não consegue deixar de sentir que está traindo seu marido, não é assim?

Vera acenou afirmativamente com a cabeça.

— Não é porque seu marido morreu que o compromisso entre vocês terminou. Ele está aqui no momento, bastante chateado com o rumo que você pretende dar à sua vida. Ele afirma que a ama loucamente, pede perdão pelos desencontros e tristezas que pode ter provocado, e afirma que apenas o ciúme e o medo de perdê-la o fizeram agir como agiu. Ele pede a você que eduque seu filho para ser um homem de verdade, não

Sempre há vida • **175**

permitir que ele saia do caminho correto, tendo em vista as tendências que já manifesta desde tenra idade.

— Eu nunca vou poder ter uma vida livre?

— Seu compromisso espiritual é com Otávio. Essa outra pessoa, o rapaz de que você falou, é apenas uma forma de os espíritos inferiores a tirarem do caminho reto. Caso se relacione com ele, com certeza atrairá grandes desgraças para sua vida, inclusive colocará em perigo a vida de seu filho.

— Mas trabalhamos no mesmo lugar, todos os dias nos encontramos, como devo fazer? A cantina está indo bem, tenho conseguido estabilidade financeira graças a esse negócio.

— Querida, você precisa ser forte, colocar como meta para sua vida o que for melhor para o futuro de seu filho, e é claro que desistir de um excelente negócio como esse não é uma opção. E digo mais: essa proximidade com esse rapaz é uma prova que deverá vencer a todo custo. Apenas se afaste dele, cumprimente-o, seja educada, mas a distância, está bem?

Enquanto Tácita conduzia a conversa desequilibrada e tendenciosa, espíritos que a auxiliavam nesse triste trabalho de desamor trabalhavam a energia do campo vibratório de Vera, introduzindo em sua mente pensamentos que tinham a função de controlar suas vontades.

Após mais de meia hora, Tácita encerrou a conversa, dizendo a Vera que deveria voltar na próxima semana, no mesmo dia e horário. Vera se levantou com dificuldade da cadeira, suas pernas pareciam pesar toneladas, e, em um fio de voz, perguntou:

— Quanto preciso pagar?

— Não precisa pagar pela consulta, mas, se quiser doar dinheiro para minhas obras, ficarei agradecida.

— Quanto é?

— O que puder dispor de seu orçamento.

Vera abriu a carteira e tirou uma nota de cinquenta reais. Tácita olhou para ela com avidez e falou:

— Tenho muito a fazer de caridade. O que puder doar, Deus a recompensará.

Incomodada com o olhar de Tácita, Vera retirou mais uma nota de cinquenta reais e entregou o dinheiro à mulher.

Assim que entrou na sala de espera, Bete se levantou e pediu que a esperasse, pois iria dar um abraço na amiga.

— E aí? Conseguiu o que combinamos? – Bete perguntou à Tácita.

A outra, rindo alto, respondeu com descaso:

— E eu não faço o que quero? Pode ficar sossegada, ela nunca mais olhará para o tal Caio, o caminho está livre para você. Aproveite o garanhão. Toma, pega uma notinha de cinquenta como incentivo a me trazer mais clientes.

As duas infelizes se abraçaram e Bete voltou à sala de espera.

O caminho de volta foi feito em silêncio. Vera sentia-se mal, cansada e triste. O sentimento de incapacidade de lutar contra o sofrimento a dominava novamente. Envolta em densas vibrações, não notou o olhar de preocupação de Hugo, silencioso, sentado no banco traseiro do carro. Chegando à sua casa, instruiu Hugo para que trocasse a roupa por um pijama, sem carinho e atenção, e entrou em seu quarto e fechou a porta com uma batida seca.

Vera levantou no dia seguinte tensa, parecia que havia passado a noite em claro. Olhava para os seus pulsos e sentia como se estivesse algemada a si mesma. Arrastou-se para o banheiro, tomou um banho, mas até mesmo a água morna escorrendo por sua pele a incomodava.

Bateu na porta do quarto de Hugo e o instruiu a colocar o uniforme. Sentou-se à mesa com a cabeça entre os braços e assim ficou.

— Mãe, não tem leite? – perguntou o menino, admirado por ver a mesa da cozinha sem o habitual e caprichado café da manhã.

— Desculpe, filho. Não dormi bem, pegue a caixinha de leite na geladeira para mim.

Com lentidão e sonolência, preparou o leite do filho sem vontade; era como se tudo fosse muito difícil.

— Mãe, não tem lanche para levar à escola?

Vera tomou a bolsa na mão, pegou uma nota de dez reais e deu ao filho, dizendo que deveria comprar o lanche na cantina da escola.

Cristina tocou a campainha, estranhando que a amiga estivesse atrasada.

— Desculpe, Cristina! Não dormi direito essa noite, estou muito cansada. Você pode levar o Hugo para mim? Vou tentar melhorar um pouco, depois eu vou para a cantina, está bem?

— Está bem, se precisar de algo, estarei no celular.

Quando ficou sozinha, Vera voltou para a cama, deitou e dormiu. Desdobrada pelo sono, encontrou Otávio à sua espera.

— Venha, venha aqui, volte para seu lugar ao meu lado.

Submissa, a moça se aproximou, e o homem, auxiliado por Ivan e o outro, a acorrentou, amarrando-a pelos pulsos. Vera apenas chorava, impotente diante do terror que sentia.

Tentamos nos aproximar e conversar com os envolvidos nessa trama de dor, mas eles não queriam a nossa presença, sentiam-se como vencedores, ainda com o orgulho e a vaidade dominando sua mente.

Procurei auxílio entre os amigos socorristas.

— Vinicius, procuremos por Caio e Cristina. Hoje é dia de estudo e trabalho mediúnico na Casa Espírita Caminheiros de Jesus. Vamos solicitar ajuda nesse socorro.

Ao anoitecer, esperávamos com alegria a chegada dos amigos encarnados para os labores da noite. Logo avistamos Caio, que, cabisbaixo, adentrava a casa de oração.

— Caio, posso falar um pouquinho com você? Lá na academia não dá tempo, estamos sempre correndo de um lado a outro – interpelou-o Cristina, que já se encontrava na casa.

— Queria falar com você também. Tem notícias de Vera? Ela melhorou?

— Ela não foi trabalhar. Liguei várias vezes e ela estava mal, não conseguia nem falar direito, disse que estava sentindo muito cansaço. Aconselhei-a a ir ao médico, mas ela disse que precisava apenas de um dia de descanso.

— Ela está estranha, agressiva, tentei falar com ela, mas o meu telefone ela não atende.

— Eu a vi saindo de casa ontem à noite. Aquela moça que frequenta a academia, a Bete, foi buscá-la e não sei por que tive uma impressão muito ruim. Inclusive, hoje pela manhã, quando peguei Hugo para levar à escola, ela mentiu para mim, disse que não tinha saído de casa. Depois, percebi que ele parecia desconfortável com alguma coisa, e quando o questionei, parecia amedrontado, então, não insisti mais.

— Fez bem, o menino já tem problemas demais. Vamos pedir ajuda durante as preces e, se Deus permitir, receberemos auxílio hoje mesmo. Uma coisa que me preocupa é que essa moça anda se insinuando para o meu lado, e outro dia, numa conversa sem pé nem cabeça, me ofereceu atendimento espiritual com uma amiga que atende em sua própria residência. Quando questionei a maneira de trabalhar dessa pessoa, ela me respondeu que cada um na sua. Será possível que a Vera aceitou ir até lá?

— É bem possível, meu amigo. Ultimamente, ela só fala que está tudo bem e que não quer mais dar trabalho para ninguém. Percebo que anda emagrecendo e está muito pálida.

— Também notei isso, mas vamos, os estudos devem começar.

O período destinado aos estudos terminou e iniciou-se aquele que era destinado ao acolhimento dos sofredores por meio dos trabalhos mediúnicos. Aproximei-me de Caio, solicitei a ele a cooperação através da psicografia e, atendido em meus propósitos, passei a intuir ao médium sobre a mensagem destinada a ele mesmo e àqueles que pudessem auxiliar nossa assistida espiritual.

Boa noite,

Acompanhamos nossa irmã Vera nos últimos acontecimentos de sua vida atual, fatos que a debilitaram emocionalmente, permitindo a aproximação de antigos companheiros, ainda enredados nas sombras de suas memórias doentias. Otávio não consegue se libertar da própria insatisfação, e dirige seus atos em busca de vingança e desamor.

Vera deixa-se envolver através dos sentimentos de culpa e remorso, acorda dentro de si mesma a sensação de incapacidade e falta de merecimento para a liberdade de ser feliz e retomar o controle da sua vida. Envolvida em densas energias, com a mente povoada de pensamentos negativos, não tem forças para lutar contra o sofrimento. Pedimos aos companheiros que a beneficiem em suas orações, mentalizando e enviando a ela pensamentos positivos e felizes. Tenham paciência e tolerância nesses momentos, pois ela não consegue enxergar além da escuridão. Estamos ativos nesse bendito socorro e cremos, com a força do amor em nosso coração, que em breve ela se verá livre do jugo que sofre neste momento. Contamos com sua compreensão e auxílio. Deus os abençoe!

Após encerrar o trabalho, Caio pediu licença aos companheiros e leu a mensagem, e todos se comprometeram a auxiliar nossa irmã nesse caminho de luz.

20
Vera cai em si

No dia seguinte bem cedo, Cristina foi chamar Vera para ir ao trabalho e também para levar Hugo à escola. A moça abriu a porta muito pálida e abatida, o desânimo era visível diante dos olhos amorosos da amiga.

— Vera, você está bem?

— Estou, sim, apenas um pouco cansada, acredito que devido ao mal-estar que ando sentindo.

— Você precisa ir ao médico. Você tem feito o tratamento terapêutico para a sua alimentação?

— Depois que Otávio morreu, não tenho conseguido tempo. São tantas coisas a serem resolvidas, mais o trabalho e mais Hugo, que me dá tanta preocupação.

— Vamos indo, nós deixamos as crianças na escola e continuamos nossa conversa – respondeu Cristina, tentado poupar o menino.

— Ele precisa saber dos problemas que causa – insistiu Vera, assediada por Otávio, que se inflamava quando o assunto era seu filho.

Cristina, percebendo densa energia originada pela amiga, e a presença de Otávio tão próximo, contemporizou:

— Está bem, mas vou pedir um favor a você. Ontem não consegui fazer *O Evangelho* quando cheguei a casa, estava muito cansada, e estou meio confusa, com um pouco de dificuldade para coordenar meus pensamentos, você me ajudaria?

— Claro que sim, afinal, só devo favores a você. O que devo fazer? – respondeu Vera com um tom amargo transparecendo em sua voz.

— Ore comigo, apenas isso, por favor.

— Faça a prece e eu a acompanho, está bem assim?

— Obrigada, minha amiga querida, você sabe como eu a prezo e a amo, não é? E, qualquer coisa que possa incomodá-la, abra seu coração comigo, porque é para esses momentos que os amigos verdadeiros servem.

Cristina olhou-a de frente. Vera demonstrava grande agonia, mas fechou os olhos e disse com firmeza:

— Está tudo bem comigo, é apenas cansaço.

— Ótimo! Então, vamos orar.

Cristina elevou o pensamento a Deus e, emocionada, pediu auxílio aos amigos espirituais para que se aproximassem e auxiliassem sua amiga e seus companheiros espirituais, e iniciou belíssima prece de amor:

184 • Eliane Macarini / Espírito Maurício

— Deus, Pai amoroso e dedicado a todos nós, Mestre dos mestres, nosso irmão mais sábio e justo, queridos companheiros de lides espirituais, pedimos neste momento de agonia moral o seu auxílio, para que todos aqueles envolvidos nesta trama diária de nossa vida, que ainda estão presos a um passado tormentoso sejam iluminados pela sua própria origem. Que sua mente presa nas sombras do seu querer se liberte em direção à luz bendita do perdão amoroso tão bem exemplificado por Jesus quando, no monte da desolação moral, pediu ao Pai que perdoasse todos os que fazem o mal, porque, na realidade, eles não sabem o que fazem. Que o amor maior toque todos, acordando consciências adormecidas, acordando no coração de cada um a certeza do direito à felicidade.

Emocionada, com lágrimas nos olhos, sentindo a presença de amigos melhores a seu lado, Cristina orou o Pai-Nosso em forma de música angelical, e cada som que saía de seus lábios estava impregnado de energia pura, fortalecedora e amorosa. As crianças, Hugo e Ester, sentados no banco de trás do veículo, acompanhavam-na na prece bendita.

Vera, de cabeça baixa, acompanhava mentalmente o acontecimento, incapaz de mover os lábios e exteriorizar seus sentimentos. No plano espiritual, Otávio e seus companheiros se revoltavam contra o momento oportuno, mas, incapazes de alcançar aquelas mentes em harmonia, viram-se rechaçados, e as perderam de vista.

— Que inferno, cara! E agora? Nem sei onde eu estou.

Sempre há vida • **185**

— É assim mesmo que eles agem, esses covardes! Não nos enfrentam cara a cara, e então somem. Deixe estar, logo aquela lá volta a sentir pena de si mesma, e o caminho aparece riscado a fogo. Deixe estar, nós ainda a castigaremos por isso.

Chegando à porta da escola, as duas mães desceram do carro para se despedir de seus filhos. Hugo abraçou a mãe apertado e disse em seu ouvido:

— Eu amo você, mamãe! Está tudo bem, você ainda será muito feliz, e por isso sentirá o bem-estar da liberdade merecida. Deus a proteja no dia de hoje.

Ester se aproximou e disse, sorrindo:

— Minha mãe sempre diz que você é uma pessoa muito especial, então, é verdade o que o Hugo disse. E eu também amo você!

Vera permitiu que lágrimas sentidas viessem aos seus olhos e falou, agradecida:

— Obrigada, crianças, o carinho que recebi de vocês é muito importante, obrigada! – Vera abraçou os dois e chorou sentida.

Hugo e Ester entraram na escola sob os olhos emocionados da moça. Cristina tocou de leve o braço da amiga e falou mansinho:

— Vamos! Precisamos trabalhar!

Vera entrou no carro, chorou bastante, um choro manso e pacificador, olhou para a amiga e falou:

— Obrigada! Não sei o que anda acontecendo comigo, estou cansada, fragilizada e choro muito, mas vai passar. O que mais me entristece é não conseguir controlar meu comportamento para com Hugo. Às vezes me assusto, porque parece que é o Otávio falando, e não eu. Olho para meu filho e ele me irrita com a sua gesticulação delicada, sua voz mansa, seu olhar inquisidor, parece sempre estar observando tudo.

— Antes você o amava como ele é, e agora você o rejeita, não dá para você parar a sua mente e analisar o que há de errado?

— Eu tento, juro que eu tento, Cristina, mas está muito difícil. Outro dia, eu fiquei observando o Hugo, e foi me dando uma raiva insuportável. Eu pensava que não ia dar conta de ter um filho homossexual, que seria uma vergonha, e cheguei a ponto de pedir a Deus que, se o destino dele fosse esse, que o levasse embora. Você acredita numa coisa dessas? Eu desejando a morte de meu filho?

— Normalmente, você seria capaz disso?

— Eu nem sei mais o que é normal para mim, quanto mais em relação aos meus sentimentos para com as outras pessoas. Acho que estou rejeitando tudo, eu não quero essa vida nem esses compromissos, eu não tenho capacidade para isso. Sou uma nulidade. Antes, pelo menos tinha um marido que decidia as coisas por mim, e quando ele achava que estava errado se posicionava.

— Eu não acredito que você pense realmente dessa forma. O Otávio era um desequilibrado, um doente moral, que reagia de forma desarmônica. Ele os espancava, humilhava e, ainda por cima, os assediava moralmente. Ele partiu, mas ainda manda em sua vida, porque você permite isso. Você foi algumas vezes ao centro conosco e aprendeu algumas coisas importantes, portanto, reflita e analise o que anda vivendo. Faça as perguntas corretas, e não essas provocadas por um estado desequilibrado de autopiedade.

— E que perguntas são essas, me diga, pelo amor de Deus!

— Esses pensamentos e ações não são característicos de sua personalidade, não é? E de que mente isso se originaria normalmente?

— Otávio?

— Você sabe que nós desencarnamos e continuamos os mesmos no plano espiritual, então, pense e reflita: qual seria o comportamento de Otávio após a morte? Será que ele já entendeu tudo e modificou a sua estrutura mental ou ainda se considera o dono da vida?

— Meu Deus! Será isso?

Vera estacionou o carro em frente ao prédio da cantina. As amigas saíram do carro, abriram a porta e entraram. Cristina olhou para o relógio na parede e falou:

— Ainda temos vinte minutos para iniciar os preparativos do dia. Vamos nos sentar e continuar nossa conversa.

Caio estava chegando para o novo dia de trabalho, viu as amigas entrando no prédio e resolveu se juntar a elas.

— Posso entrar?

— Entre, Caio! Estamos conversando e você poderá nos ajudar – falou Cristina, que resumiu o assunto discutido até aquele momento para o moço.

— Você contou a ela sobre o trabalho de ontem?

— Não, ainda não tive oportunidade, mas você pode fazer isso, por favor?

Caio resumiu o que aconteceu durante a noite de trabalho e mostrou a mensagem para Vera.

— Mas eu tenho procurado ajuda. A Bete, que se exercita aqui na academia, me levou para conversar com uma amiga dela que é médium. Ela me atendeu e explicou várias coisas.

— Que amiga é essa, Vera? – perguntou Caio.

— O nome dela é Tácita, e parece que ela deixou até mesmo de trabalhar para atender as pessoas que precisam – respondeu Vera.

Caio e Cristina olharam desconfiados um para o outro.

— E uma das coisas que ela te disse é para se afastar de Caio, não é mesmo? – perguntou Cristina.

— Como você sabe? Você já sabia que era um relacionamento proibido para mim e não me disse nada? – perguntou Vera, mostrando indignação.

— Não é nada disso, Vera – interrompeu Caio.– Bete anda me assediando há mais de ano, mas eu não tenho nada com o mundo que ela frequenta, aliás, eu não tenho afinidade alguma com aquela moça. Já disse a ela que não tem possibilidade nenhuma de nós termos um relacionamento amoroso, e nesse dia ela me perguntou se era por sua causa, e eu respondi que era por mim mesmo.

— E sabe o que ela respondeu para o Caio? – perguntou Cristina, e continuou: – Que ele não se interes-

Sempre há vida • **189**

sava por ela porque estava de olho em você, que ela resolveria esse assunto de qualquer maneira. E, pelo jeito, a maneira que ela encontrou foi levar você para conversar com essa tal de Tácita, que por sinal não deve ser coisa boa.

— Não é possível uma pessoa ser tão ardilosa assim. Vocês têm certeza disso? – questionou Vera.

— Quanto ela cobrou de você? – perguntou Cristina.

— Ela não cobra nada, apenas aceita doações.

— Quanto? – insistiu Caio.

— Cem reais – respondeu Vera, abaixando a cabeça envergonhada.

— Cem reais? Sabe quantas cestas básicas, fraldas ou remédios conseguimos comprar com esse valor? Como você foi cair nessa? Lá na Casa Espírita que frequentamos alguém cobrou de você alguma coisa para receber atendimento fraterno? – indagou Cristina, bastante brava.

— Chega, Cristina. Tenho certeza de que a Vera aceitou ajuda dessa moça porque acreditou que seria a coisa certa a fazer, não é? – perguntou Caio, dirigindo-se a Vera.

A moça assentiu.

— Então, não se envergonhe, apenas pense no mal que causou a si mesma durante esses dias. Lembre-se de que seus amigos a amam e respeitam, assim como eu. Meus sentimentos pessoais por você existem, mas a partir de hoje não mais falarei sobre eles. Você tem o tempo que precisar para cuidar de si mesma e colocar sua cabeça no lugar, viver o luto pela partida de seu marido. Quando estiver bem e quiser falar sobre um possível relacionamento amoroso entre nós, eu estarei esperando por você, porque eu a amo de verdade e, acima de tudo, eu a respeito muito, mas não haverá mais atenuantes se você se afastar das pessoas que a querem bem para procurar solução onde não há amor. Sei que você está sofrendo, mas tenha certeza de que não está sozinha. Está bem para você dessa forma? – falou Caio, com lágrimas nos olhos.

Vera levantou da cadeira onde estava sentada, aproximou-se do moço e estendeu a mão para ele. Caio se levantou, ela o abraçou com carinho e falou em seu ouvido:

— Eu também o amo, mas preciso de um tempo para saber quem sou eu, pois eu não sei nem mesmo do que gosto ou não gosto. Eu preciso encontrar minhas respostas, e minhas dúvidas são muitas e me dominam... quase sempre. Perdoe-me por ter subestimado seu amor e seu respeito.

Caio a abraçou, chorou sentido e falou baixinho:

— Não demore, sinto muito a sua falta em minha vida.

Cristina os observava com os olhos sorridentes e úmidos por lágrimas de alívio. Naquele momento, Bete entrou na cantina e viu o casal abraçado. Enraivecida, tomou na mão um saleiro e o arremessou na direção dos dois. O objeto bateu com um som surdo nas costas de Caio, que se virou assustado.

— O que é isso? – perguntou o moço.

— Sabia que os dois tinham um caso escondido. O coitado do falecido lá no hospital, lutando pela vida, e vocês dois se agarrando nos cantos. Vai ver são até responsáveis pela morte dele.

Cristina se levantou da cadeira onde estava sentada, pegou a moça pelo braço e falou com firmeza:

— Você está proibida de pôr os pés nesta cantina. Se o fizer vou chamar a polícia e dar queixa de você.

— Não se preocupem, deixo esse lixo para você, sua horrorosa, vou atrás de um homem de verdade – vociferou Bete apontando para Caio.

Caio se aproximou e em voz baixa falou:

— Passe pela secretaria da academia e o dinheiro de sua mensalidade será devolvido, e peço que nunca mais se aproxime de nenhum de nós. Vá em paz e que Deus ilumine sua mente conturbada.

Bete saiu pisando firme e proferindo impropérios contra os três, que, trêmulos, se entreolharam. Vera, com voz ainda enfraquecida pelas últimas emoções, falou:

— Por favor, vamos fazer uma leitura d'*O Evangelho Segundo o Espiritismo*, para que nosso dia se transforme em luz?

Cristina e Caio sorriram felizes com a lembrança da amiga, sinal de que ela estava melhor emocionalmente, e a abraçam agradecidos a Deus pelo auxílio recebido.

Vera tomou o livro libertador em suas mãos e o abriu com o semblante mais sereno.

Paulo – *Apóstolo, Lyon*, 1861

15 – Perdoar os inimigos é pedir perdão para si mesmo; perdoar os amigos é dar prova de amizade; perdoar as ofensas é mostrar que se melhora. Perdoai, pois, meus amigos, para que Deus vos perdoe. Porque, se fordes duros, exigentes, inflexíveis, se guardardes até mesmo uma ligeira ofensa, como quereis que Deus esqueça que todos os dias tendes grande necessidade de indulgência? Oh, infeliz daquele que diz: "Eu jamais perdoarei, porque pronuncia a sua própria condenação!". Quem sabe se, mergulhando em vós mesmos, não descobrireis que fostes o agressor? Quem sabe se, nessa luta que começa por um simples aborrecimento e acaba pela desavença, não fostes vós a dar o primeiro golpe? Se não vos escapou uma palavra ferina? Se usaste de toda a moderação necessária? Sem dúvida o vosso adversário está errado ao se mostrar tão suscetível, mas essa é ainda uma razão para serdes indulgentes, e para não merecer ele a vossa reprovação. Admitamos que fôsseis realmente o ofendido, em certa circunstância. Quem sabe se não envenenastes o caso com represálias, fazendo degenerar numa disputa grave aquilo que facilmente poderia cair no esquecimento? Se dependeu de vós impedir as consequências, e não o fizestes, sois realmente culpado. Admitamos ainda que nada tendes a reprovar na vossa conduta, e, nesse caso, maior o vosso mérito, se vos mostrardes clemente.

Mas há duas maneiras bem diferentes de perdoar: há o perdão dos lábios e o perdão do coração. Muitos dizem do adversário: "Eu o perdoo", enquanto que, interiormente, experimentam um secreto prazer pelo mal que lhes acontece, dizendo-se a si mesmos que foi bem merecido. Quantos dizem: "Perdoo", e acrescentam: "mas jamais me reconciliarei; não quero vê-lo pelo resto da vida!" É esse o perdão segundo o Evangelho? Não. O verdadeiro perdão, o perdão cristão, é aquele que lança um véu sobre o passado. É o único que vos será levado em conta, pois Deus não se contenta com as aparências: sonda o fundo dos corações e os mais secretos pensamentos, e não se satisfaz com palavras e simples fingimentos. O esquecimento completo e absoluto das ofensas é próprio das grandes almas; o rancor é sempre um sinal de baixeza e de inferioridade. Não esqueçais que o verdadeiro perdão se reconhece pelos atos, muito mais que pelas palavras.

21
A VIDA VOLTA AOS EIXOS

Vera aos poucos foi se equilibrando. Tornou-se frequentadora ativa da Casa Espírita, e Hugo e Ester frequentavam o trabalho de evangelização infantil. Ao atingir a idade adolescente se juntaram à mocidade espírita.

Apesar de estar bem, Vera ainda se sentia desconfortável diante da ideia de partilhar sua vida com outra pessoa, e achava esse pensamento esquisito, já que amava Caio de verdade e com intensidade, e sabia que não havia nada de errado nesse sentimento puro.

Refletindo sobre o assunto, resolveu pedir ajuda junto ao atendimento fraterno da Casa Espírita. Tomada a decisão, sentiu-se melhor.

Finalmente o dia de ser ouvida chegou. Vera saiu de casa mais cedo, pois não queria se atrasar de modo algum. Acreditava que obteria algumas respostas para suas dúvidas.

Sempre há vida • **195**

Entrou no carro, ligou o motor e este não funcionou. Tentou mais umas vezes e desistiu. Saiu do veículo e bateu à porta da casa de Cristina, mas ninguém atendeu ao seu chamado.

Entristecida, pensou em chamar um táxi, já sabendo que chegaria atrasada. Assim que entrou em casa, a campainha tocou. Ela abriu a porta e lá estava Caio, sorrindo.

— Nossa! Você caiu do céu? Meu carro não pega e a Cristina não está em casa. Eu preciso ir à Casa Espírita de qualquer maneira.

— Passei por aqui pois pensei que quando se toma uma decisão como a que você tomou sempre tem algo que tenta nos afastar do caminho. Quando estacionei, vi que algo estava errado.

— Como você soube?

— Pelo seu andar.

— Pelo meu andar? – perguntou Vera, sorrindo com alegria.

— Vamos logo, senão você se atrasa, depois eu explico o seu andar – respondeu Caio, também sorrindo.

Chegando à Casa Espírita, Vera logo foi encaminhada à sala de atendimento fraterno.

— Boa noite, senhor Sandro.

— Boa noite, Vera. Seja bem-vinda a esta sala de oração. O que podemos fazer por você?

Vera contou ao atendente de maneira resumida a sua vida até aquele momento, expôs a ele suas dúvidas, principalmente quanto à sua relação com Caio e concluiu:

— Às vezes eu sinto até mesmo o cheiro de Otávio. Ele usava um perfume de aroma marcante, muito forte, e sempre me enjoava. Outras vezes, quando estou distraída e olho para meu filho, sinto raiva, mas agora eu me controlo, porque sei que o amo muito e da maneira que ele é, o que não acontecia com Otávio. Eu acredito que ele ainda insiste em permanecer entre nós e ainda consegue me influenciar. Gostaria muito de ajudá-lo a encontrar paz, afinal, vivemos uma história e temos um filho, e esse é o maior bem que ele me deixou.

— Você anda tendo momentos de vidência, não é?

— Eu acho que sim. Ainda fico muito confusa em definir o que é originado em minha mente e o que é trazido pela interferência de outra mente.

— Quando você percebe que há aproximação de um espírito, você consegue ver quem é?

— Ontem à noite mesmo eu estava preparando uma sopa, e quando eu cozinho eu me abstraio, pois é uma tarefa de que gosto muito, e então senti que havia mais alguém na cozinha. Fechei os olhos e fiz uma prece por aquele irmão, não importando quem fosse. Eu vi, na minha cabeça, três homens de aparência truculenta, mas muito maltratados, e um deles era Otávio. Pedi a eles que ouvissem minhas preces e que, se porventura eu tivesse feito algo de errado para maltratá-los, que me perdoassem. Então, senti um mal-estar crescente, parei de conversar e só rezei.

— Está bem. Vamos iniciar uma série de atendimentos fraternos, visando modificar o padrão energético que a envolve, e educar essa sensibilidade que possui em relação ao mundo espiritual.

— Senhor Sandro, me diga, é mesmo Otávio que me assombra?

— E isso importa, minha filha? O que nos assombra de verdade é a nossa ignorância: quando temos certeza de quem somos, o que queremos e o que merecemos, as interferências externas não conseguem nos manipular, mas enquanto há dúvidas há fragilidades morais, há facilidade de invasão em nosso campo fluídico. Pelo que você me contou, ainda restam dúvidas, culpas e mesmo remorsos em relação ao seu antigo companheiro.

— É verdade, e isso eu não consigo entender, afinal, nada fiz de errado nesta vida em relação a ele, a não ser alguns momentos de revolta pelo sofrimento que nos infringia.

— Lembre-se: não temos apenas esta vida, ou encarnação, e quando vivenciamos um relacionamento tão conturbado como foi o de Otávio com você e Hugo, provavelmente algo fica por ser reparado.

— Mas... se eu e Hugo não o maltratamos ou mesmo traímos, por que ainda sofremos essa interferência?

— Talvez Otávio, ainda ignorante da lei de ação e reação, os culpe pelos seus infortúnios, e esse estado de sofrimento moral é terrível, porque o espírito não consegue enxergar um momento sequer de redenção.

— O que posso fazer por ele e seus companheiros?

— Proceder a sua própria educação intelectual, ética e emocional, pois isso a libertará com a descoberta da moralidade cristã. Orar por esses irmãos com o mais puro sentimento que conseguir abrigar em seu coração. Quando pressentir a presença deles, abrigue-os em sua mente, direcionando-os para o amor e o perdão, mas não permita que a conduzam, é a sua hora de auxiliar. Hoje, minha filha, você está em posição melhor que eles, você pode lhes estender a sua mão calorosa e amorosa.

— O senhor me aconselha a mudar a minha atitude mental, é isso?

— Isso mesmo.

Vera saiu da Casa Espírita mais serena, com um sorriso nos lábios, e pediu a Caio:

— Estou com muita fome. Você poderia me levar para jantar?

O moço olhou para sua amada com os olhos brilhantes de alegria e falou:

— Eu posso levá-la aonde você quiser.

Vera estendeu a mão para ele e disse, amorosa:

— Pegue minha mão, eu nunca mais quero ficar longe de você.

Caio abraçou-a emocionado, beijou-a nos lábios com carinho e ficou encarando aqueles olhos que tanto amava. Agora sim se sentia completo, tinha nos braços a mulher que amava e pela qual esperara pacientemente.

No dia seguinte, acompanhados por uma equipe socorrista, passamos pela casa de Vera e recolhemos três irmãos adoentados, enfraquecidos pelos próprios sentimentos. Quando adentramos a alegre moradia, Vera e Hugo jogavam xadrez e riam muito um do outro, fazendo caretas e se divertindo. Os três infelizes incapacitados, diante da mudança energética de seus obsidiados, do panorama fluídico em melhor estado da residência, estavam sentados de cócoras, encostados em uma parede da sala. Quando lhes oferecemos auxílio, nem mesmo retrucaram, apenas nos acompanharam bastante deprimidos.

Foram encaminhados ao trabalho de desobsessão, sempre precedido pelo estudo evangélico e da mediunidade. Um rapaz, ainda bastante jovem, lia a seguinte lição do livro *Fonte viva*, "Lição 001 – Ante a Lição", de Emmanuel, pela psicografia de Francisco Cândido Xavier: "Considera o que te digo, porque o Senhor te dará entendimento em tudo" (Paulo, 2ª epístola a Timóteo, 2:7).

Ante a exposição da verdade, não te esquives à meditação sobre as luzes que recebes. Quem fita o céu, de relance, sem contemplá-lo, não enxerga as estrelas; e quem ouve uma sinfonia, sem abrir-lhes a acústica da alma, não lhe percebe as notas divinas.

Debalde escutarás a palavra inspirada de pregadores ardentes, se não descerrares o coração para que o teu sentimento mergulhe na claridade bendita daquela.

Inúmeros seguidores do Evangelho se queixam da incapacidade de retenção dos ensinos da Boa Nova, afirmando-se ineptos à frente das novas revelações, e isto porque não dispensaram maior trato à lição ouvida, demorando-se longo tempo na província da distração e da leviandade. Quando a câmara permanece sombria, somos nós quem desatamos o ferrolho à janela para que o sol nos visite. Dediquemos algum esforço à graça da lição e a lição nos responderá com as suas graças. O apóstolo dos gentios é claro na observação.

Considera o que te digo, porque, então, o Senhor te dará entendimento em tudo. Considerar significa examinar, atender, refletir e apreciar. Estejamos, pois, convencidos de que, prestando atenção aos apontamentos do Código da Vida Eterna, o Senhor, em retribuição à nossa boa vontade, dar-nos-á entendimento em tudo.

22
A FELICIDADE REINA

Otávio foi posicionado ao lado de um médium de psicofonia, e uma atendente amável o incentivou a uma conversa esclarecedora.

— Boa noite, meu amigo, o que podemos fazer por você nesta bendita noite de luz?

— Eu não entendo o que fazem aqui. Por que tanto interesse em ajudar quem nem mesmo vocês conhecem? Por que se intrometem nos negócios dos outros? Vocês somente me atrapalharam, ela estava aos meus pés, eu estava quase conseguindo o meu intento.

— Somos humildes trabalhadores do Pai, e o objetivo é sempre a harmonia da vida. Quando o Senhor percebe o sofrimento de um de seus tutelados, arranja um jeito ou outro de trazê-lo de volta à vida.

— Vida? Que vida? Eu estou morto.

202 • Eliane Macarini / Espírito Maurício

— Seu corpo adoentado pereceu, mas você está aqui conosco, falando e pronto para a recuperação que o arremessará a novas experiências no mundo dos espíritos e, num futuro próximo, a mais uma aventura na matéria, porque sempre há vida.

— Eu sinto muito ódio, e a vontade de ser violento me liberta da escravidão que me domina.

— O ódio que alimenta é que o escraviza. Quando perceber que apenas o perdão poderá lhe dar liberdade, sentirá algo que o purificará diante de si mesmo.

— Então, me deem isso. Se vocês são tão bons como dizem, me deem essa capacidade.

— Apenas você mesmo tem a capacidade de se libertar, nós somos instrumentos do Pai em seu caminho, somos a mão estendida em seu benefício, mas a luta contra a escuridão que o envolve é sua. Somente a decisão eficiente de modificar o seu querer poderá lhe dar a paz que almeja.

— Eu sou capaz apenas de odiar!

— Não, este momento é apenas uma sombra em sua vida. Veja os antigos companheiros de deslizes, perceba o estado de demência em que se encontram, incapazes, agora, de verbalizar um simples pensamento. Estão aqui à mercê de sua própria dor. Esse é o caminho ao qual deve se furtar, e para isso só há uma solução: entregar-se nas mãos de Deus e agradecer pela oportunidade recebida.

— Não sei mais o que fazer.

— Então, descanse, apenas descanse, e depois decidirá o que deve ou não fazer.

Otávio fechou os olhos e caiu em um sono profundo, um sono libertador e de esperança.

Ivan se contorcia e enfiava a mão no peito em busca de seu coração, e apenas um pensamento o dominava:

— Preciso pegar meu coração de volta, senão morrerei!

Amigos o auxiliavam a entrar em estado letárgico, com o propósito de refazimento daquela mente em desalinho.

O outro nos olhava com raiva crescente em um minuto, para no seguinte nos implorar por auxílio. Aproximei-me dele, acariciei seus cabelos ralos e falei com carinho:

— Está tudo bem, meu irmão. Está tudo bem.

Ele, por sua vez, desabou nos meus braços. Encantado, percebi a transformação daquele perispírito: era uma mãe infortunada que culpava Vera pelo tormento de perder sua filha. Agradecido a Deus, entreguei-a a amigos que a auxiliariam a partir daquele momento.

Vinicius se aproximou de mim, feliz, me abraçou e falou com emoção transparecendo em sua voz cristalina e confortadora:

— Você traçou um longo e árduo caminho até chegar a este momento, meu jovem amigo.

— Sinto-me melhor, compreendo cada dia mais os desacertos do passado e percebo que remorso e culpa não fazem mais parte de meus pensamentos. Hoje, quando penso em resgatar meu passado, penso também em trabalho, amor e perdão, e esse novo estado de pensamento eu devo a vocês, que tanto me auxiliaram nesta caminhada, não esquecendo dona Dirce, que nunca desistiu de mim.

204 • Eliane Macarini / Espírito Maurício

— Realmente, ter uma mãe como você teve, e ter a oportunidade de viver essa relação é um presente de Deus para nosso futuro.

— Quando penso em futuro, relaciono-o com felicidade, pois ando entendendo melhor os desígnios de Deus para mim.

— Desígnios de Deus? – perguntou Vinicius rindo.

— Exatamente, mas visto de outra maneira, porque antes eu relacionava essa ideia a fatalidade, e hoje entendo que o Pai nos dá ferramentas, e cabe a nós decidir o que fazer com elas. Então, ele apenas nos designa o que fazer.

— E nós escolhemos como fazer – completou Vinicius. – Antes que me esqueça: já temos um novo trabalho a caminho, esperamos apenas as ordens que Ineque nos trará.

— Que maravilha, já estava aqui pensando em tirar férias – respondi rindo.

— Mas, meu amigo, nós estamos sempre de férias a serviço do Pai.

Alguns anos se passaram. Certo dia me lembrei de Hugo e Ester e, curioso, procurei saber notícias desses amáveis amigos. Convidei Vinicius para visitá-los.

Chegamos à casa de Caio e Vera, hoje casados e pais de duas gêmeas muito bonitas. Havia no ambiente o ar festivo de alguma comemoração.

A residência do casal era numa chácara próximo à cidade, um belíssimo lugar, muito bem cuidado e bastante simples. Embaixo de três mangueiras muito altas estavam montadas várias mesas cobertas com toalhas floridas. Percebemos que ali aconteceria um encontro festivo.

Mais adiante havia um regato de águas límpidas, uma pequena ponte enfeitada com flores atravessava as águas tranquilas, e mais à frente havia um jardim esplendoroso, no qual encontramos um arco colorido por lindas flores.

Vinicius olhou-me sorrindo e falou:

— Parece que vamos presenciar uma cerimônia de casamento. Quem será que vai se casar?

— Esperemos, acredito que teremos grata surpresa.

Sentamo-nos em meio ao intenso colorido da vegetação exuberante, presenteados pelo canto dos pássaros matinais e das borboletas multicoloridas, que emprestavam ao ambiente aparência paradisíaca.

— Vinicius, você se lembra da transformação perispiritual da mulher que obsidiava Vera?

— Lembro, sim. O que o intriga, caro amigo?

— Por que ela resolveu se esconder daquela forma, transformando a aparência de seu perispírito?

— Quanto às razões práticas, acredito que estão ligadas ao seu medo de ser descoberta e afastada de seus propósitos e, ao modificar a aparência do corpo perispiritual, acredito que pensava estar livre de ser descoberta. Uma fuga de sua própria dor, talvez. Além do mais, a relação de amor e ódio que essa irmã mantinha com nossos amigos remonta a muitos séculos, a uma época em que eles viviam uma experiência como nômades, e uma prática desse povo era o roubo de crianças. Com o tempo, muitos foram aceitando auxílio, e com isso suas vibrações características foram se modificando, mas não o suficiente para libertá-los desses resgates afortunados.

— Que maravilha da natureza nossa vibração característica, que beleza a plasticidade da matéria mais sutil, eu me encanto a cada dia com as surpresas que a vida nos reserva.

— Veja! Estão chegando.

Vários carros estacionavam na entrada da chácara, e logo identificamos a família de Caio. Alegres, algumas pequenas crianças saíram correndo dos carros, e também alguns amigos que ainda não conhecíamos.

As pessoas se dirigiram ao local onde havia o arco e ocuparam algumas cadeiras dispostas ao seu redor, conversando alegres e animadas com o evento que presenciariam.

Na entrada da casa, Cristina e Vera ajudavam Ester a se movimentar dentro de um alvo vestido de noiva, bastante simples e muito bonito. Logo atrás saíram Basílio e Caio, que acompanhavam Hugo, vestido em um terno de corte perfeito.

Vinicius sorriu de minha expressão de espanto e disse, bem-humorado:

— Lembra-se da história de muitas surpresas?

— Hugo vai se casar com Ester?

— Não seja tão ansioso, meu jovem, aguarde as surpresas da vida.

Sempre há vida • **207**

Cristina e Vera continuaram a acompanhar Ester, cada uma segurando com carinho a mão da moça. Basílio e Caio faziam o mesmo por Hugo.

Em frente ao arco, uma senhora de aparência singela os aguardava para a prece tão necessária ao início de novas etapas em nossa vida. Ao seu lado havia dois rapazes, muito parecidos, e, pelo que deduzimos, eram irmãos gêmeos. Eles se deslocaram e foram ao encontro do grupo que se aproximava. Um se dirigiu a Ester, tomou suas mãos com carinho e a beijou na fronte; o outro se dirigiu a Hugo, tomou suas mãos com carinho e o beijou na fronte.

A senhora sorriu animada e falou com carinho:

— Vejo que estamos cercados de pessoas amorosas e felizes com o acontecimento de hoje, o compromisso firmado entre esses quatro jovens que se amam e que formam dois casais: Ester e Bruno, Hugo e Pedro.

Escolhi uma lição d'*O Evangelho Segundo o Espiritismo*, capítulo XI, "Amar ao próximo como a si mesmo", item 9:

9 – O amor é de essência divina. Desde o mais elevado até o mais humilde, todos vós possuís, no fundo do coração, a centelha desse fogo sagrado. É um fato que tendes podido constatar muitas vezes: o homem mais abjeto, o mais vil, o mais criminoso, tem por um ser ou um objeto qualquer uma afeição viva e ardente, à prova de todas as vicissitudes, atingindo frequentemente alturas sublimes.

Disse por um ser ou um objeto qualquer, porque existem, entre vós, indivíduos que dispensam tesouros de amor, que lhes transbordam do coração, aos animais, às plantas, e até mesmo aos objetos materiais. Espécies de misantropos a se lamentarem da humanidade em geral resistem à tendência natural da alma, que busca em seu redor afeição e simpatia. Rebaixam a lei do amor à condição do instinto. Mas, façam o que quiserem, não conseguirão sufocar o germe vivaz que Deus depositou em seus corações, no ato da criação. Esse germe se desenvolve e cresce com a moralidade e a inteligência, e embora frequentemente comprimido pelo egoísmo, é a fonte das santas e doces virtudes que constituem as afeições sinceras e duradouras que vos ajudam a transpor a rota escarpada e árida da existência humana.

Há algumas pessoas a quem repugna a prova da reencarnação, pela ideia de que outros participarão das simpatias afetivas de que são ciosas. Pobres irmãos! O vosso afeto vos torna egoísta. Vosso amor se restringe a um círculo estreito de parentes ou de amigos, e todos os demais vos são indiferentes. Pois bem: para praticar a lei do amor, como Deus a quer, é necessário que chegueis a amar, pouco a pouco, e indistintamente, a todos os vossos irmãos. A tarefa é longa e difícil, mas será realizada. Deus o quer, e a lei do amor é o primeiro e o mais importante preceito da vossa nova doutrina, porque é ela que deve um dia matar o egoísmo, sob qualquer aspecto em que se apresente, pois, além do egoísmo pessoal, há ainda o egoísmo de família, de casta, de nacionalidade. Jesus disse: "Amai ao vosso próximo como a vós mesmos"; ora, qual é o limite do pró-

Sempre há vida • **209**

ximo? Será a família, a seita, a nação? Não: é toda a humanidade! Nos mundos superiores, é o amor recíproco que harmoniza e dirige os Espíritos adiantados que os habitam. E o vosso planeta, destinado a um progresso que se aproxima para a sua transformação social, verá seus habitantes praticarem essa lei sublime, reflexo da própria Divindade. Os efeitos da lei do amor são o aperfeiçoamento moral da raça humana e a felicidade durante a vida terrena. Os mais rebeldes e os mais viciosos deverão reformar-se, quando presenciarem os benefícios produzidos pela prática deste princípio: "Não façais aos outros o que não quereis que os outros vos façam, mas fazei, pelo contrário, todo o bem que puderdes".

Não acrediteis na esterilidade e no endurecimento do coração humano, que cederá, mesmo de malgrado, ao verdadeiro amor. Este é um ímã a que ele não poderá resistir, e o seu contato vivifica e fecunda os germes dessa virtude, que estão latentes em vossos corações. A Terra, morada de exílio e de provas, será então purificada por esse fogo sagrado, e nela se praticarão a caridade, a humildade, a paciência, a abnegação, a resignação, o sacrifício, todas essas virtudes filhas do amor. Não vos canseis, pois, de escutar as palavras de João Evangelista. Sabeis que, quando a doença e a velhice interromperem o curso de suas pregações, ele repetia apenas estas doces palavras: "Meus filhinhos, amai-vos uns aos outros!".

Queridos irmãos, utilizai com proveito estas lições: sua prática é difícil, mas delas retira a alma imenso benefício. Crede-me, fazei o sublime esforço que vos peço: "Amai-vos", e vereis, muito em breve, a Terra modificada tornar-se um

210 • Eliane Macarini / Espírito Maurício

novo Eliseu, em que as almas dos justos virão gozar o merecido repouso.

— Quando decidimos o nosso futuro e que, nesse mesmo futuro, estaremos dividindo as nossas experiências com outra pessoa, devemos ter em vista também a individualidade de um e de outro. Somos únicos no processo de aprendizagem evolutiva, e nossas vivências, entre um plano e outro, nos encaminham para determinadas situações que deveremos viver com respeito e dignidade. Quando assentados no amor verdadeiro, poderemos contar com previsões futuras benéficas. A normalidade dessas vivências será proporcionalmente encaminhada às nossas necessidades e ao nosso entendimento, cada qual com seus desejos e aspirações. O respeito à individualidade se estende à família mais próxima, que deverá apoiar aqueles que iniciam essa divina etapa em sua vida, tendo em vista ser o apoio necessário, e nunca a solução que escraviza e não permite o exercício do princípio inteligente.

A união entre duas pessoas pressupõe amizade, respeito, tolerância, amor, perdão e tantos outros nobres sentimentos. E nós, que estamos hoje com vocês, meus queridos jovens, devemos apenas apoiar vossa decisão e presenteá-los com nossos sentimentos e desejos de uma vida plena de realizações e de muitos sonhos e esperanças, e traduziremos nossos votos de felicidade orando a prece que nosso amável Mestre Jesus nos ensinou.

As pessoas presentes acompanharam a belíssima prece, e percebemos as bênçãos divinas banharem aquele recanto de paz.

Vinicius e eu nos aproximamos dos jovens e os abraçamos com carinho. Caio nos olhou emocionado e mentalmente nos agradeceu pela presença.

Ficamos por ali algum tempo, observando a animação e o carinho daquelas pessoas umas com as outras.

Voltamos ao nosso lar espiritual e comentamos o assunto com outros amigos, partilhando aquele momento renovador que presenciamos.

Lembrei-me de Otávio e resolvi visitá-lo. Ele encontrava-se ainda internado, mas bem melhor do que quando chegou.

— Bom dia, Otávio.

— Bom dia, Maurício, faz tempo que não aparece por aqui.

— Andava envolvido em vários atendimentos fraternos.

— Será que um dia terei equilíbrio para fazer esse trabalho?

— Tudo depende de nós, de nosso esforço e vontade de modificar sofrimento em oportunidade.

— Mas você está melhor do que eu, com certeza não chegou aqui da maneira que eu cheguei, apenas um arremedo de gente.

— Você se engana. Tem tempo para ouvir minha história?

— O que mais tenho por aqui é tempo – respondeu Otávio sorrindo.

Contei-lhe minha história, e ele me observou silencioso. Quando terminei, ele me abraçou agradecido e falou, emocionado:

— No dia em que fui atendido na Casa Espírita, uma senhora falou algo que ficou em minha mente, e quando fico deprimido e desgostoso, procuro lembrar daquela frase.

— O que lhe foi dito de tão importante assim?

— Quando reclamei que não tinha mais nada, que eu estava morto, ela me disse algo que me calou.

— E o que foi?

— Que sempre há vida. Naquele momento, foi como se um raio de luz penetrasse todo o meu corpo, e eu resolvi refletir para entender o que tanto os fazia feliz.

— Deus o abençoe e continue a aprender e modificar a vida dentro de seu coração.

Saí do prédio que abrigava a instituição de socorro e voltei à Casa Espírita Caminheiros de Jesus, nosso lar espiritual.

Observei o pequeno edifício a distância e, emocionado, percebi que deveria ser grato ao Pai por ter encontrado aquele abrigo de amor.

Entrei pela pequena porta central e sorri. Estava em casa, porque sempre há vida a ser vivida.

Livros imperdíveis de Eliane Macarini

Pelo espírito Vinícius (Pedro de Camargo)

Resgate na Cidade das Sombras
Viver em família pode ser uma viagem de paz ou uma grande tempestade. No caso de Virgínia, foi uma dura provação para todos.

Obsessão e Perdão
Não há mal que dure para sempre. E tudo se torna possível quando esquecemos as ofensas e exercitamos o perdão.

Aldeia da Escuridão
Diego era o chefe da Aldeia da Escuridão. Mas o verdadeiro amor vence qualquer desejo de vingança do mais duro coração.

Comunidade Educacional das Trevas
As escolas sofrem um ataque perturbador. Mas espíritos do bem preparam a redenção da Educação.

Amazonas da Noite
O casal Gabriel e Dora sofre na própria pele os efeitos da Lei de Ação e Reação. E as duras experiências vão afetar toda a família.

Berço de Luz
Raquel enfrenta dificuldades e o descontrole do pai. Mas a dor passa e traz ensinamentos para todos.

Pelo espírito Maurício

Vidas em Jogo
A catastrófica queda de jovens no mundo dos vícios até a ascensão, que liberta e dignifica a própria existência.

Só o Amor Pode Vencer
A história nos mostra que é possível vencer qualquer obstáculo na vida, desde que tenhamos o firme propósito de superar limitações e problemas.

Envolventes romances do espírito Margarida da Cunha com psicografia de Sulamita Santos

Um milagre chamado perdão

Ambientado na época do coronelismo, este romance convida-nos a uma reflexão profunda acerca do valor do perdão por intermédio de uma emocionante narrativa, na qual o destino de pessoas muito diferentes em uma sociedade preconceituosa revela a necessidade dos reencontros reencarnatórios como sagradas oportunidades de harmonização entre espíritos em processo infinito de evolução.

O passado me condena

Osmar Dias, viúvo, é um rico empresário que tem dois filhos - João Vitor e Lucas. Por uma fatalidade, Osmar sofre um AVC e João Vitor tenta abreviar a vida dele. Contudo, se dá conta de que não há dinheiro que possa desculpar uma consciência ferida.

Os caminhos de uma mulher

Lucinda, uma moça simples, conhece Alberto, jovem rico e solteiro. Eles se apaixonam, mas para serem felizes terão de enfrentar Jacira, a mãe do rapaz. Um romance envolvente e cheio de emoções.

Doce entardecer

Paulo e Renato eram como irmãos. Amigos sinceros e verdadeiros. O primeiro, pobre e o segundo, filho do coronel Donato. Graças a Paulo, Renato conhece Elvira, dando início a um romance quase impossível.

À procura de um culpado

Uma mansão, uma festa à beira da piscina, e, de madrugada, um tiro. O empresário João Albuquerque de Lima estava morto. Quem o teria matado? Os espíritos vão ajudar a desvendar o mistério.

Desejo de vingança

O jovem Manoel apaixona-se por Isabel. Depois de insistir, casam-se mesmo ela não o amando. Mas Isabel era ardilosa e orgulhosa. Mais tarde, envolve-se em um caso de traição conjugal com desdobramentos inimagináveis para Manoel e os dois filhos.

Laços que não se rompem

Margarida, filha de fazendeiro, conhece Rosalina, filha de escravos, e ambas passam a nutrir grande amizade. Um dia, a moça se apaixona por um escravo. E aí começam suas maiores aflições.

Romances do espírito Alexandre Villas
Psicografia de Fátima Arnolde

Raio Azul
O renomado pintor Raul nasceu no Brasil mas foi ainda pequeno para a Espanha. Ao se tornar adulto, algo inexplicável o impulsiona a voltar à sua terra natal. Aqui chegando, reconhece em um quadro uma mulher misteriosa que o persegue em suas inspirações. Uma história arrebatadora!

Quando setembro chegar
Silvana sai da Bahia rumo a São Paulo para crescer na vida. Ela e Sidney se tornam grandes amigos e fazem um pacto por toda a eternidade. Um belo romance, que nos ensina que somos os roteiristas da nossa própria história e evolução.

Por toda a minha vida
A família D'Moselisée é respeitada pela sociedade francesa por seus famosos vinhos. Contudo, não podem desfrutar desse conforto porque o pai acha desperdício receber amigos. Este romance nos traz uma linda história de reencontros de almas afins em constante busca de aprendizado.

Enquanto houver amor
O médico Santiago e Melânia formam um casal feliz de classe média alta. Mas Melânia desencarna em um acidente e a família começa a viver momentos tormentosos. Um romance que nos ensina que o verdadeiro amor supera todas as dificuldades.

Uma longa espera
Laura, moça humilde, envolve-se com um rapaz de classe alta. Como sabia que os pais dele jamais aceitariam, ao engravidar decide terminar o romance. Devido a complicações durante a gestação ela desencarna assim que os gêmeos nascem. Antes de partir, ela pede que sua grande amiga Isabel cuide das crianças. Assim começam suas aflições.

Memórias de uma paixão
Mariana é uma jovem de 18 anos que cursa Publicidade. Por intermédio da amiga Júlia, conhece Gustavo, e nasce uma intensa paixão. Até Gustavo ser apresentado para Maria Alice, mãe de Mariana, mulher sedutora, fútil e egoísta. Inicia-se uma estranha competição: mãe e filha apaixonadas pelo mesmo homem.

Impressão e acabamento:

tel.: 25226368